Die Ansprüche des angestellten Erfinders

im vorläufigen Entwurfe eines Patentgesetzes

Von

Justizrat Dr. Hugo Cahn
Rechtsanwalt in Nürnberg.

1913
München, Berlin und Leipzig
J. Schweitzer Verlag (Arthur Sellier)

Druck von Dr. F. P. Datterer & Cie. (Inh. Arthur Sellier), München-Freising.

Inhaltsverzeichnis.

Vorwort.

Der Patentschutz, ein wesentlicher Faktor des deutschen Wirtschafts- und Rechtslebens, ist durch Gesetze vom 25. Mai 1877 und 7. April 1891 geregelt. Ein nicht geringer Teil der beteiligten Kreise beansprucht eine Reform. Die wirtschaftlich Abhängigen, zumal die schöpferischen Erfinder unter diesen, sprechen größere Rücksichtnahme auf ihre (durch das bisherige Verfahren nach ihrer Anschauung unterdrückten) Interessen an. Die verbündeten Regierungen sind daher seit Jahren in den Tages- und Fachblättern, in den Tagungen der Interessenverbände sowie durch die Volksvertretung, zur Vorlage, eines neuzeitlichen Entwurfs aufgefordert worden. Ein solcher ist, nach gründlichen Vorarbeiten im Reichsamt des Innern und Beratungen mit Sachkundigen, aufgestellt und im Reichsanzeiger vom 11. Juli 1913 veröffentlicht worden. Weiteren Kreisen soll hiedurch Gelegenheit zur Meinungsäußerung gegeben sein. Der Entwurf hat (nach eigener Erklärung) Anregungen, deren Unerläßlichkeit unbeweisbar ist, angeblich nicht berücksichtigt. Dagegen erschließt der Entwurf neue Normen, die ihm Parteien und Rechtslehrer an die Hand gaben. Er erkennt (willigst dem Zug der Zeit folgend) das Recht des Erfinders in Richtung auf den Patentschutz an und sichert den gewerblich Angestellten idealen und materiellen Gewinnanteil an ihren im Dienst gemachten Erfindungen. Nur mit dieser Materie, der Quintessenz des Entwurfs, nicht mit den übrigen Änderungen, beschäftigt sich die nachfolgende informatorisch-kritische Studie. Sie bezweckt — unter Resümierung der Spruchpraxis und Kennzeichnung der ganzen Vorwärtsbewegung — übersichtliche Zusammenstellung einerseits der bisherigen, andererseits der von den Interessenten gewollten, und endlich der im Entwurf verkörperten Prinzipien, deren Vor- und Nachteile kurz gewürdigt werden.

Spät kommt ihr, doch ihr kommt — so werden diejenigen ausrufen, welche die Regelung des Rechtes der Dienstnehmer an ihren Erfindungen seit mindestens 3 Jahrzehnten herbeisehnen. Der Geheime Admiralitätsrat Dr. jur. H. Anderson hat in einem (Juni 1912, Gewerblicher Rechtsschutz und Urheberrecht, Nr. 6, S. 177, erschienenen) Aufsatz dargelegt, daß jährlich etwa 425 Millionen Mark an Privatwirtschaftswerten von dieser Frage betroffen und viele Tausende gerichtlich verprozessiert werden, welche bei dem Vorhandensein klarer gesetzlicher Paragraphen nützlicher zu verwenden gewesen wären. Nunmehr ist also diese Erwartung eines Eingreifens des Gesetzgebers der Erfüllung näher gerückt, nachdem die Wissenschaft und Praxis[1]) nicht müde geworden waren, einen Ausgleich der großen sozialen Interessenstreite zu versuchen. Die Erregung hatte in Resolutionen der beteiligten Verbände — zuletzt desjenigen zur Wahrung der Interessen der Chemischen Industrie, zu Freiburg im September 1908, sodann des Bundes der technisch-industriellen Beamten — in den Reichstagssitzungen vom März 1905, Februar 1906, April 1907 und April 1909, nicht zum wenigsten beim Stettiner Kongreß des Deutschen Vereins für den Schutz des gewerblichen Eigentums vom Mai 1909, ihren sachlichen Ausdruck gefunden. Fachblätter hatten mehr oder weniger einseitig[2]) die Beibehaltung oder Abänderung des bestehenden Patentsystems, sei es zugunsten des kapitalistischen Unternehmers, sei es zugunsten des wirtschaftlich schwachen Standes der geistigen Arbeiter, beansprucht. Der Stoff ist vereinzelt geradezu fanatisch von den Freunden der letzteren traktiert worden.

I. Die Anhänger einer Reform begegneten sich auf der hauptsächlichen Richtlinie, daß der wahre und wirkliche Erfinder berechtigt sei, zu verlangen, daß sein Name auf der Patentschrift Erwähnung finde. In der Tat ist die Schützung der Erfinderehre[3]) in beinahe sämtlichen Aufsätzen, Thesen und Anträgen, die oben angeführt sind, seitens der Vertreter der neuen Richtung vorangestellt worden.[4])

---

[1]) Letztere streng wissenschaftlich gekennzeichnet von Patentanwalt Dr. jur. Dipl.-Ingenieur P. Wangemann, Berlin 1912, Das Recht der Angestellten an ihren Erfindungen. Siehe auch E. Guyer, Auf der Suche nach einem System auf Patentierung von Erfindungen; W. Dunkhase, Die patentfähige Erfindung und das Erfinderrecht.

[2]) Eine der sachlichsten älteren Arbeiten: Die patentrechtlichen Ansprüche eines Angestellten. Ein Rechtsgutachten von Professor Dr. F. Meili in Zürich, 1905, zum Teil benützt im neuesten Schweizer Obligationenrecht Art. 343.

[3]) Nach Vorgang des amerikanischen, englischen, österreichischen, japanischen, russischen, norwegischen und holländischen Rechtes.

[4]) H. Voigt, Wilhelmshöhe (Der Erfindungsschutz technischer Angestellter) warnt indes vor obligatorischer Nennung des Namens, die oft ein zweifel-

Der Beschluß der XXXI. Hauptversammlung der Chemischen Industrie lautete in diesem Betreff: „Die chemische Industrie erkennt prinzipiell an, daß ein Angestellter, welcher eine Erfindung gemacht hat, beanspruchen kann, nach außen hin als Erfinder kennbar gemacht zu werden. Sie hält daher eine Bestimmung für wünschenswert, aber auch für ausreichend, wonach auf Antrag des Anmelders der Erfinder bzw. die Erfinder in dem Patente und in den patentamtlichen Publikationen genannt werden müssen." Und der Vorschlag des II. Bundestags der technisch-industriellen Beamten: „Ist der Anmelder nicht zugleich der Erfinder, so ist der Name des Erfinders gleichzeitig mit der Anmeldung anzugeben. In der Patenturkunde und in der Patentschrift ist der Name des Erfinders hinter den Namen des Anmelders in Klammern zu verzeichnen."

[Vorstehende These ist einer der von Ingenieur West-Berlin zunächst in der Ortsgruppe vorgenannten Bunds aufgestellten Leitsätze: vgl. über diese: Gew. Rechtssch. 1908, März, Nr. 3, ferner Hammer, Das Recht des Angestellten an seinen Erfindungen S. 73 ff.]

Die Besprechung der Materie auf Parteitagen und im Reichstag, welch letzterer seit 1905 alljährlich den Erfinderschutz auf die Tagesordnung setzte, gipfelte in der Darlegung, der bisherige Status bedeute eine soziale Ungerechtigkeit.

Die Abgeordneten Lattmann und Behrens (stenogr. Bericht S. 8080 ff. Nr. 30 der Drucksachen) formulierten ihren Antrag dahin, daß, zunächst in geistiger Beziehung, die Erfindungen der technischen Angestellten und Arbeiter mehr als bisher bei der Reform des Patentgesetzes geschützt werden sollten. Der Antragsteller Lattmann hatte hiezu eine Äußerung des Professors Dr. Osterrieth[1]) wiedergegeben, daß der bisherige Zustand (des Gesetzes vom 7. April 1891), welcher sich um den Erfinder nicht kümmere und lediglich die Anmeldung berücksichtige, ein brutal formalistischer sei. Antragsteller hatte in der Reichstagssitzung vom 21. April 1909 ferner eine Abhandlung im Organ des Verbandes Deutscher Kunstgewerbezeichner vom 1. März 1909 rühmend erwähnt, welche die amerikanischen Wirtschaftserfolge zum guten Teile auf das dortige großzügige Erfindungswesen zurückgeführt hatte,[2]) während bei uns, mangels eines Erfinderschutzgesetzes, die Schaffensfreude der berufsmäßigen Erfinder gelähmt und damit der technische Fortschritt hintangehalten werde. In der nämlichen Reichstagsverhandlung hat der Abgeordnete Professor Dove seinerseits für Nennung des

---

haftes Geschenk für die Erfinder sein könne, Gew. Rechtsschutz, Januar 1909, S. 12; Dr. Richard Alexander Katz, Entwurf einer Novelle zum Patentgesetz nebst Motiven, Gew. Rechtsschutz, April 1907 Nr. 4 S. 118 Note 2.

[1]) Empfehlen sich besondere gesetzliche Bestimmungen zum Schutze des Erfinderrechts von Angestellten? Gutachten des 28. Juristentages; desgleichen, Gutachten für den Karlsruher Juristentag; desgleichen, Verhandlungen des Stettiner Kongresses S. 94.

[2]) So auch Regierungsrat Erich v. Böhmer, Gew. Rechtsschutz und Urheberr., 8. Jahrg. Nr. 11; West, Erfindungsschutz technischer Dienstnehmer, Gew. Rechtsschutz, 1908, Nr. 3.

Erfinders in der Patentschrift eine Lanze eingelegt, gleichviel wie sonst die privatrechtlichen Verhältnisse zwischen erfindenden Angestellten und Prinzipal geregelt sein möchten. Abgeordneter Dr. Junck, ein Sachkenner ersten Ranges, hat, unter Billigung des neuen Systems des Schutzes des wirklichen Erfinders, hiebei freilich zu bedenken gegeben, wie außerordentlich schwer diese patentrechtliche Aufgabe zu lösen sei. Denn die Untersuchung, wer der Erfinder sei, könne das Patenterteilungsverfahren noch länger gestalten, als es jetzt bereits der Fall sei. Es müsse aber Vorsorge getroffen werden, daß die Industrie unter dieser allenfallsigen Verlangsamung des Verfahrens keinen Schaden leide. Zweifellos werde man dabei den Satz aufstellen müssen, daß derjenige, welcher eine Erfindung anmelde, bis zum Beweise des Gegenteils auch als Erfinder gelte. Es werde dann schon im Patenterteilungsverfahren sich ein Streit entspinnen können zwischen 2 oder mehr Personen, wer eigentlich der Erfinder sei. Allemal müsse das Prinzip, daß künftighin der Erfinder den Schutz des Patentes bekommen solle, und nicht schlechthin der Anmelder, angenommen werden. Im weiteren Verlaufe der Verhandlung hat der Abgeordnete Nacken den Grundsatz festgehalten, daß, wie in anderen ersten Kulturländern, das Patent stets auf den Namen des Erfinders ausgestellt werden müsse, um zu vermeiden, daß Patente für Erfindungen, welche Beamte von Gesellschaften gemacht hätten, auf den Namen der Gesellschaften ausgestellt würden, so daß niemand erfahre, wer der eigentliche Erfinder sei, welcher vielleicht mit einem kümmerlichen Gehalt sich durchschlagen müsse, weil die weiten Kreise von seinen Fähigkeiten keinerlei Kenntnis erlangten. Selbstredend hat der Abgeordnete Rechtsanwalt Dr. Frank erst recht der übereinstimmenden Meinung des Hauses beigepflichtet, daß das Namensrecht den Angestellten unbedingt zu sichern sei. Der Anreiz, zunächst des geistigen Vorteils, dürfe für den Angestellten und Arbeiter nicht fehlen. Mit Unrecht werde dem Sozialismus der Vorwurf gemacht, daß bei der Verwirklichung seiner Ideen der Ansporn zu Erfindungen wegfalle. Habe doch schon Wilhelm Weitling in seinen „Garantien der Harmonie und Freiheit" vorgesehen, eine Aufmunterung zu Erfindungen auch für die sozialistische Gesellschaft zu schaffen. Weitling habe in diesem Buche schon vor vielen Jahrzehnten verlangt, daß die Erfinder große Vorteile in der Arbeitsordnung des sozialistischen Staates genießen sollten. —

Im weiteren Verlaufe des Jahres 1909 — Oktober in Tübingen — bemühte sich Professor Hummel-Karlsruhe auf dem Parteitage der Volkspartei, den sozialen Kern des Erfindungsschutzes herauszuschälen. —

Während sodann in zahlreichen Broschüren die gewerblichen Dienstnehmer selbst[1]) (zuweilen agitatorisch) die Angelegenheit behandelten, war der allezeit vornehm wissenschaftlich vorgehende führende Deutsche Verein für den Schutz des gewerblichen Eigentums beflissen, sachliches

[1]) Vgl. z. B. West, Erfindungsschutz technischer Dienstnehmer. — Antipatentgesetz und Erfindernotwehr, herausgegeben vom Allgemeinen Erfinderverband, Berlin 1908/9; H. M., Betrogene Erfinder.

und objektives Material zu sammeln. Die lichtvollen Kommissionsvorschläge des Deutschen Vereins, welcher bereits bei seiner Hamburger Tagung die strittige Frage auf die Tagesordnung gesetzt hatte, zum Stettiner Kongreß (1909), liefen auf den Gedanken hinaus, daß der Anspruch auf das Patent dem erstanmeldenden Erfinder zustehen solle. Der einzige Grund für das Recht an der Erfindung sei die Erfinderschaft. Ob man die Gewährung eines Patentschutzes auf rechtspolitische Erwägungen anderer Art stütze, auf den Zweck der Veröffentlichung oder der gewerblichen Ausführung der Erfindung, ändere hieran nichts. Wenn man das Erfindungsrecht nicht aus dem Boden des allgemeinen Privatrechts loslösen und etwa zu einem gewerbepolizeilichen Institut machen wolle, müsse schon die Analogie mit dem verwandten Urheberrecht veranlassen, die Quelle des Rechtes an der Erfindung in der Urheberschaft zu suchen. Hiefür sprächen einerseits der Standpunkt derjenigen Länder, in welchen das Patentrecht eine eigene Entwickelung durchgemacht habe, sowie anderseits die Umstände, welche die jetzige Rechtslage verursacht hätten. In England, in den Vereinigten Staaten und in Frankreich stehe das durch Patent zu verwirklichende Recht grundsätzlich dem Erfinder zu. Auf dieser Vorstellung habe sich das Patentrecht in diesen Ländern zu einem entwickelungsfähigen Rechtsinstitut ausgebaut. Auch in dem preußischen Publikandum vom 14. Oktober 1815 sei als Gegenstand des Patentes in erster Linie „eine neue selbsterfundene Sache" bezeichnet worden. Unter Bezugnahme auf diese Systeme sei 1875 von dem Deutschen Patentschutzverein in dem Entwurf eines Patentgesetzes für das Deutsche Reich folgende Regelung vorgeschlagen worden:

> „Anspruch auf ein Patent hat der Erfinder.
>
> Zugunsten desjenigen, welcher um ein Patent für eine neue Erfindung nachsucht, wird bis zum Beweise des Gegenteils angenommen, daß er der Erfinder ist. Unter mehreren selbständigen Erfindern hat derjenige Anspruch auf ein Patent, welcher zuerst ordnungsmäßig um ein solches nachsucht.
>
> Das Recht auf Erwerbung eines Patents für eine neue Erfindung kann abgetreten werden."

Dieser Vorschlag sei indessen nicht angenommen, vielmehr in dem Regierungsentwurf, aus welchem das Patentgesetz von 1877 hervorgegangen sei, im § 3 der Anspruch auf das Patent dem ersten Anmelder gegeben worden. Die Begründung hiezu habe ausgeführt, daß der Erfinder an einer möglichst baldigen Anmeldung ein Interesse habe, so daß die Geheimhaltung der Erfindung beschränkt und deren allgemeine Benutzung gefördert werde. Ferner ruhe das Verdienst der Erfindung nicht immer bei demjenigen, welcher die Tatsache der Erfindung feststelle, sondern bei demjenigen, welcher den allgemeinen Gedanken und die Mittel zu seiner Durchführung hergegeben habe.[1]) Mit

[1]) Über den bedeutsamen Einfluß der Arbeitsstelle auf das Erfindungsergebnis siehe insbesondere: W. von Siemens, Das Recht der Angestellten an den Erfindungen, Gew. Rechtssch., Juni 1907, Nr. 6.

anderen Worten: die Begründung zum § 3 des Patentgesetzes von 1877 weise auf die Etablissementserfindung hin, deren Verdienst vielfach bei der Firma liege und bei der außerdem die Feststellung des eigentlichen Erfinders kaum jemals mit voller Sicherheit möglich sei. Die Patentkommission des Deutschen Vereins (die im Frühjahr 1908 ihre Beratungen begonnen und im Winter 1908/9 zu Ende geführt hatte) erklärte die beiden Gründe des alten Patentgesetzes als heute nicht mehr stichhaltig. Wenn man neben der Erfinderschaft die Anmeldungspriorität maßgebend sein lasse, sei die Gewähr gegeben, daß die Erfinder zeitig an die Öffentlichkeit treten. Sollte übrigens die Jagd nach der Anmeldepriorität durch Beifügung der Erforderniſſe der Erfinderschaft oder Rechtsnachfolge vom Erfinder eingedämmt werden, wäre dieses als ein Vorzug zu begrüßen. Der jetzige Zustand sei ein schematischer. Die Frage der Erfinderschaft sei eine Tatfrage und ihre Entscheidung der Würdigung der Umstände zu überlassen. Selbstverständlich liege der Berücksichtigung der Etablissementserfindung ein richtiger Gedanke zugrunde. Allein die Zustimmung vieler Industrievertreter in der Kommission habe bewiesen, daß es möglich sei, auch dann den Interessen der Industrie gerecht zu werden, wenn man die Tatsache der Erfinderschaft grundsätzlich als die Quelle des Rechtes ansähe. Dazu komme, daß das aus der Erfinderschaft fließende Recht heute schon anerkannt werde, und zwar in dem durch die Rechtsprechung des Reichsgerichts bezeugten Gewohnheitsrecht. Es bestünden demzufolge zwei Erfinderrechte nebeneinander: das gewohnheitsrechtliche und das patentrechtliche. Gehe die Entstehung beider Rechte von derselben Person aus, so bilde das Patent, praktisch genommen, die volle Entfaltung eines bis dahin unvollkommenen Rechts. Die ausdrückliche Anerkennung eines Erfinderrechts sei das einzige Mittel, dem berechtigten Kern der in der Angestelltenbewegung gestellten Forderungen gerecht zu werden. Demgemäß beschloß der Ausschuß des Deutschen Vereins folgenden Antrag

I: „Das Patentgesetz ist dahin abzuändern, daß der Anspruch auf ein Patent dem erstanmeldenden Erfinder oder Rechtsnachfolger zusteht, wobei als Erfinder oder Rechtsnachfolger des Erfinders der erste Anmelder vermutet wird."

Ferner folgenden Antrag V: „Auch im Falle der Übertragung der Erfindung oder der Anmeldung der Erfindung durch einen anderen verbleibt dem Erfinder das unverzichtbare Recht, in der Patentschrift und Patentrolle als Erfinder bezeichnet zu werden."

Antrag VI: „1. Auf Antrag des Anmelders ist der Name des Erfinders in der Patentschrift und in der Patentrolle zu vermerken.

2. Gibt der Anmelder nicht den Namen des wahren Erfinders an, so kann der Erfinder bei den ordentlichen Gerichten auf Berichtigung oder Ergänzung der Patentrolle klagen.

3. Diese Klage verjährt innerhalb einer Frist von 3 Jahren vom Tage der Anmeldung an."

Die Kommission des Vereins hat sich dem amerikanischen Recht, welches bekanntlich dem Anmelder die eidliche Erklärung, er glaube, der erste Erfinder zu sein, abverlangt,[1]) nicht angeschlossen. Das Patenterteilungsverfahren sollte mit der Ermittelung der ersten Erfinderschaft nicht belastet werden. Da das formale Erfindungsrecht, der Patentschutz, an die Tatsache der Anmeldung anknüpft, so erschien es der Kommission angemessen, unter mehreren Erfindern den Anspruch demjenigen zu geben, der die Erfindung als erster zum Patent anmeldet. Damit wird, statt des schwer zu ermittelnden Kriteriums der Priorität der Erfinderschaft, die Priorität eines Formalaktes gesetzt, was in dem Rahmen des formalen Patentrechts durchaus angängig erscheint.

Was die Erben betrifft, so ist die Kommission von der Erwägung ausgegangen, daß kein zwingender Grund vorliegt, nur den Erfinder in Person zur Anmeldung zuzulassen. Sonst würde den Erfindern die Verwertung erschwert.

Die Prüfung der Erfinderschaft soll nach Auffassung der Kommission des Deutschen Vereins außerhalb des Erteilungsverfahrens gelegt werden. Die vor Erteilung des Patents eintretende Prüfung soll auf die Frage der objektiven Voraussetzungen der Erteilung des Patentes beschränkt bleiben, während die Frage der subjektiven Berechtigung (nach dem Vorbild des österreichischen Patentgesetzes[2]) vom 11. Januar 1897) einem besonderen Verfahren vorbehalten bleiben soll. Das Patent als solches ist das durch staatlichen Verleihungsakt anerkannte Vollrecht an der Erfindung. Daß die gerichtliche Entscheidung über die Feststellung dieses Rechtes bei uns vor Erteilung in einem Verfahren der freiwilligen Gerichtsbarkeit ergeht, während sie in anderen Ländern (Frankreich z. B.) der streitigen Gerichtsbarkeit vorbehalten ist, ist für den Kern der Frage bedeutungslos. Daher ist es notwendig, die materielle Frage der subjektiven Berechtigung am Patent im Patentgesetz zu entscheiden, auch wenn die formelle Frage, wie über die subjektive Berechtigung entschieden wird, aus dem patentamtlichen Verfahren ausscheidet. Aus vorstehenden Gründen hat die Kommission des Vereins vorgeschlagen, den Anmelder als Erfinder und Rechtsnachfolger des Erfinders zu vermuten. Die Vermutung der Rechtsnachfolge wird dann Platz greifen, wenn der Anmelder offenbar nicht Erfinder, also eine juristische Person ist, oder einen anderen als Erfinder benennt. —

Nun etwas näher zu der Kommentierung des Erfinderehrenpunkts! Die formelle Anerkennung der Erfinderschaft in der Patenturkunde hat in der Regel nur praktische Bedeutung, wenn die Erfindung von dem Erfinder losgelöst ist, also namentlich, wenn ein anderer, als der Erfinder, ein Patent auf die Erfindung genommen hat. In gewissem Umfang besteht ja ein Anspruch auf Anerkennung der Erfinderschaft

---

[1]) Über den amerikanischen Erfindereid und das Patentwesen in Großbritannien s. Erich v. Böhmer, Gewerbl. Rechtsschutz und Urheberrecht. 8. Jahrgang Nr. 11.

[2]) Näheres hierüber, auch über das ungarische Gesetz vom Juli 1895 § 6 und über das dänische Gesetz vom 18. April 1894 § 3 Justizrat Dr. Edwin Katz, Bericht für den VI. Internationalen Kongreß für angewandte Chemie in Rom (Gewerbl. Rechtsschutz und Urheberrecht 1906 Nr. 7 S. 213 ff.).

als Ausfluß des Persönlichkeitsrechtes heute schon; wenn in der Öffentlichkeit jemand die Urheberschaft einer Erfindung sich anmaßt, kann der Erfinder zweifellos eine Klage auf Feststellung seiner Erfinderschaft, falls er ein berechtigtes Interesse nachweist, anstrengen. Dagegen bietet das geltende Patentrecht keinen Raum für einen Anspruch auf Anerkennung der Erfinderschaft, weil eben das Patentgesetz den Erfinder nicht kennt und auch die Anmeldung keine Vermutung der Erfinderschaft involviert. Einige der größten Firmen haben bereits unter dem heutigen Gesetz in Aussicht genommen, freiwillig den Namen der bei ihnen angestellten Erfinder bei der Patentanmeldung zu nennen. Der Vorschlag, die Nennung des Erfinders obligatorisch zu machen, wurde indes abgelehnt. Wenn ein Erfinder die Bekanntgabe seines Namens nicht wünscht, wäre es unbillig und gefährlich, ihn zur Preisgabe seines Namens zu zwingen. Auch der Erfinder hat das Recht auf Anonymität. Nach Ansicht der Kommission soll dagegen der Anspruch auf Nennung des Namens unverzichtbar sein, damit abhängige Erfinder nicht vertraglich gezwungen werden können, allgemein auf Nennung ihres Namens für künftige Erfindungen zu verzichten. In den Fällen, in welchen eine Erfindung unter Angabe eines falschen Namens oder ohne Namensnennung angemeldet wird, soll der Anspruch auf Nennung des Namens durch eine Klage verwirklicht werden können. —

Vorstehendem ist zu entnehmen, daß es sich (wie Rechtsanwalt Dr. Mittelstaedt bei der Stettiner Tagung sich ausgedrückt hat) bezüglich der Reform keineswegs einzig und allein um die Angestelltenerfindung handelt, sondern um weitere, größere Probleme. Die Angestelltenerfindung ist vielmehr bloß die Bezeichnung, welche als Stichwort gegeben worden ist, um die größeren Probleme des Erfinderrechts im allgemeinen und der Rechtsverhältnisse an den aus Anlaß eines Vertragsverhältnisses gemachten Erfindungen damit prägnant anzudeuten. Um kein Gewerbemonopol für angestellte Erfinder zu schaffen — wozu die Leitsätze der Juristentage von Kiel und Karlsruhe (1906 und 1908) allzuleicht die Reformer verführt hätten — mußte ein allgemeines Erfinderrecht geschaffen werden. Die Erfindung der Angestellten ist keineswegs das Einzige, was in gesellschaftlicher und praktischer Hinsicht interessiert. Gibt es doch auch nichtangestellte Erfinder, deren Schutz — falls das Reformbedürfnis unterstellt wird — angezeigt erscheint.[1]) Nicht nur angestellte Erfinder sind in Not und Elend gestorben, obschon sie die bedeutendsten Erfindungen gemacht haben.

Diese großzügigere Betrachtung des Erfindersystems, im Gegensatz zum alten Anmeldesystem, das Verlassen des Spezialproblems der bis zum Stettiner Kongreß etwas einseitig in der Literatur und Praxis betriebenen Angestelltenerfindung, ist — wenn man sich auf den Stand-

[1]) Über dieses seltener behandelte und durch den Angestelltenkampf in den Hintergrund getretene Thema s. zugunsten des Erfinders: Entsch. des RGZ. Bd. 27 S. 54; Edwin Katz, Gewerbl. Rechtsschutz, Juli 1906 S. 217.

punkt stellt, ein Systemwechsel erscheine angezeigt — das befriedigende Resultat des Stettiner Kongresses. —

Der Einführung des Erfinderrechts in diesem allgemeinen Sinn wurde auf diesem Kongreß entgegengehalten, es sei die Konsequenz der Entwickelung unseres Urheberrechts, welches auf das gewerbliche Erfinderrecht keine Anwendung finden dürfe. Auch stünden der Einführung des Erfinderrechts in das Patentgesetz erhebliche praktische Bedenken entgegen. Die Gegner des Erfinderrechts erklärten: Die künstlerische und schriftstellerische geistige Arbeit lasse sich von der Person des Autors nicht trennen. Die Erfindung aber sei unpersönlich, sie werde Verkehrsgut. Hauptsächlich beanstandeten die Opponenten, daß der Erfinder oft nicht festzustellen sei, was zumal bei den Etablissementserfindungen zutreffe. Als ferneres Bedenken wurde ins Feld geführt, daß mehrere Personen unabhängig voneinander die nämliche Erfindung gemacht haben könnten. Das Recht auf das Patent dem erstanmeldenden Erfinder zuzuschreiben, sei eine Inkonsequenz der Befürworter des Erfinderrechts; denn folgerichtig müßte jeder Erfinder den Anspruch haben. Weiter wurde geltend gemacht, daß der Erfinder nicht unter allen Umständen der einzige sein dürfe, welcher das Patent verlangen könne, weil z. B. gerade bedeutende Erfinder nicht gern ihren Namen genannt haben wollen. Man würde in solchem Fall dem Erfinder als solchem schaden, wenn man ihn nötige, selbst die Erfindung zur Anmeldung zu bringen. Endlich und hauptsächlich wurde vorgebracht, das Erteilungsverfahren dürfe nicht belastet werden.

Rechtsanwalt Dr. Isay bezeichnete als Wortführer der Opposition die Gründe der Änderung des Patentgesetzes als sehr dünne. Er wies auf die Rechtsunsicherheit hin, welche entstehen werde, wenn man das Recht auf das Patent nicht mehr an die Anmeldung, sondern an die Urheberschaft, knüpfen werde. Ihm schloß sich Direktor Dr. Waldschmidt an. Er war der Meinung, daß, wenn rigorose Forderungen der Angestellten akzeptiert werden würden, das Gegenteil von dem herauskommen würde, was wünschenswert sei. Es würden weniger Erfindungen gemacht werden. Die gemachten würden weniger exploitiert werden. Denn unter den guten Erfindungen spielten die Etablissementserfindungen, welche in systematischer Weise in Laboratorien oder technischen Bureaus großer Erwerbsunternehmungen entstanden seien, die größte Rolle. Die Hauptsache sei die Stellung der Aufgabe. Sie erfolge aus dem Bedürfnis des Unternehmens heraus und sei Sache der technischen Leitung. Infolgedessen sei es vielleicht nur Zufall, wer von den technischen Angestellten nachher die Erfindung mache. Wenn jeder das Gefühl habe, der andere, welcher die Erfindung mache, habe die Ehre und den Gewinn, während die anderen Mitarbeiter leer ausgingen, dann leide das Zusammenarbeiten. Das Unternehmen selbst dürfe an die Ausbeutung einer Erfindung nicht mit der Furcht, in Prozesse mit den Angestellten verwickelt zu werden, herangehen.[1]) Das

[1]) Hochflut und Dilettantismus der Anmeldungen nach Inkrafttreten des künftigen Erfinderschutzes kennzeichnet anschaulich H. Voigt, Wilhelmshöhe (Gewerbl. Rechtsschutz Januar 1909 S. 7 ff.).

Postulat, an der Ehre der Erfindung beteiligt zu sein, sei abstrakt nicht von der Hand zu weisen. Praktisch und konkret betrachtet, sei es oft ungerecht, das Renommee einer großen Firma durch die pedantische Verfolgung des Begriffes Erfinderehre, d. i. die zwangsweise Benennung des Erfinders in der Patenturkunde, zu schädigen. Dr. Karl Goldschmidt-Essen erklärte sich zwar für die weitesten Kreise der Industrie bereit, auf die Anerkennung des Erfindernamens einzugehen. Im übrigen forderte er indes volle Vertragsfreiheit. Er suchte — im Gegensatz zu Ingenieur West,[1]) dem Hauptvertreter der Technikerverbände, — nachzuweisen, daß der bisherige Zustand der Industrie sehr günstig gewesen sei. Das treffe sicherlich für die Chemie, Elektrotechnik, Maschinen-Industrie und Waffentechnik zu. Diese Industrien böten einem großen Heere von Technikern, Erfindern und Nichterfindern gute Unterkunft. Der Abschluß von Verträgen zwischen Angestellten und Unternehmern dürfe durch gesetzgeberisches Eingreifen nicht erschwert werden. Die von der Reform zum Muster genommene österreichische Industrie arbeite unter anderen Verhältnissen. In Österreich sei eine hohe Schutzzollmauer. In Deutschland werde auf je 7800 Einwohner ein Patent einem Deutschen Reichsangehörigen erteilt. In Österreich auf je 24000 Einwohner erst ein Patent. Die österreichischen Verhältnisse könnten daher auf Deutschland nicht übertragen werden. Letzterer Ansicht pflichtete Professor Dr. Duisberg-Elberfeld bei. Rechtsanwalt Strelitz-Stettin legte dar, daß die ganze Sache an dem Problem scheitern müsse: wer ist denn der Erfinder? Es sei sehr schwer, den Begriff Erfinder zu definieren und ganz besonders schwierig bei der Etablissementserfindung. Sei derjenige Erfinder, der den — von Mittelstaedt und Duisberg durch Beispiele gekennzeichneten — Genieblitz gehabt habe oder derjenige, der den Genieblitz in die Tat umgewandelt habe? Sei es der Chemiker, der untersucht, oder der Laboratoriumsdiener, der den Reagensniederschlag gefunden habe? Daß die Frage gelöst werden müsse, dafür sei kein durchschlagender Grund genannt. Im Deutschen Reich seien 1908 38000[2]) Erfindungen patentiert worden. Wenn man eine Statistik aufstellen würde, würde sich ergeben, daß nur wenige Erfindungen von Angestellten irgendeinen Wert gehabt hätten, daß also die Frage nicht so brennend sei, daß sie auf gesetzgeberischem Wege gelöst werden müsse. Bei wirklich bahnbrechenden Erfindungen habe der Erfolg für den Erfinder gesprochen, ohne daß sein Name in die Patentrolle eingetragen worden sei. Gegen einen positiven Beschluß

---

[1]) Technische Angestellte und ihre Erfindungen (die Turbine, Dezember 1905). Erfinderschutz technischer Dienstnehmer (1908, Gewerbl. Rechtsschutz und Urheberrecht, S. 259). — In ähnlicher technisch-demokratischer Weise: Erich v. Böhmer. Gewerbl. Rechtsschutz 8. Jahrg. Nr. 11.

[2]) Junck erwähnte in der Reichstagssitzung vom 21. März 1912 (in welcher Abg. Dr. Böttger an die Frage des Erfinderrechts erinnert und von Jonquieres, Direktor im Reichsamt des Innern, baldigste Unterbreitung des Entwurfs in Aussicht gestellt hatte) 45000 Patentanmeldungen. In den letzten 10 Jahren erfolgte eine Steigerung um mehr als das Doppelte: 21295 auf 45209.

in letzterer Hinsicht habe er freilich keinen Einwand. Damit werde keinem Menschen etwas zu Liebe oder zu Leide getan. Aber es würde großer Streit darüber entstehen, wer Erfinder sei, wessen Name in der Patentrolle glänzen solle. Justizrat Professor Dr. Paul Alexander Katz war mit den Kommissionsvorschlägen nicht einig. Nach seiner Anschauung müßte prinzipiell ein Patentgesetz auf dem Rechte des Urhebers an seiner Erfindung aufgebaut werden.[1]) Dieses Urheberrecht sei bisher in unseren Gesetzen nicht geordnet. Mit den Bestimmungen der Kommission wäre ein sogenanntes Erfinderrecht in unserem Patentrecht eingeführt, insofern, als den Anspruch auf das Patent der Erfinder oder dessen Rechtsnachfolger habe. Das wahre auf der Urheberschaft sich aufbauende Erfinderrecht betreffe ganz etwas anderes, nämlich das Recht an der Erfindung unabhängig davon, ob der Erfinder seine Erfindung zum Patente anmelde oder nicht. Die Folge letzterer richtigen Konstruktion sei, daß das Patent nicht etwa das Recht gewähre, den Gegenstand der Erfindung herzustellen oder in Verkehr zu bringen. Dieses Recht habe vielmehr der Urheber lange, bevor er das Patent angemeldet habe, kraft seiner Erfindung, und durch das Patent erhalte er lediglich die Ausschließung der anderen vom Genusse dieser Erfindung. Die leere Umkonstruktion des Rechts desjenigen, der einen Anspruch auf Erteilung des Patentes habe, welche an unserem Rechte materiell nichts ändere und mit dem Rechte des Angestellten an seinen Erfindungen nicht das mindeste zu tun habe, habe außerordentlich wenig Zweck. Mit dem Angestellten eines Laboratoriums oder Maschinenbureaus und seinen patentwürdigen Erfindungen verhalte es sich nicht anders, wie mit dem Angestellten irgendeines anderen Betriebes. Genau besehen, könnte der Angestellte eines Architekturbureaus, der dort Zeichnungen mache, nachdem er im Auftrage seines Chefs für dessen Geld, mit dessen Material, Zeichnungen hergestellt habe, auf Grund seines Urheberrechts die Ausführung der Zeichnungen nicht gestatten. Rechtsanwalt Dr. Cantor-Karlsruhe war mit Isay der Ansicht, daß keine Änderung eintreten solle. Eine praktische Umwälzung werde nicht erreicht und solle ja nach der Methode der Kommission des Vereins nicht erreicht werden. Das bisherige System habe keine Nachteile gebracht. Wozu eine Änderung, wenn Gefahren durch sie drohen? Das jetzige System, den Patentschutz nicht dem Ersterfinder, sondern dem ersten redlichen Inlandsbefindungsbesitzer zu gewähren, sei durchaus gerechtfertigt und im Interesse des volkswirtschaftlichen Standpunktes unserer Unternehmungen. Der Übergang zum subjektiven System bedeute eine große Verkehrsunsicherheit.[2]) Die Patente, welche jetzt lediglich auf die Erfindung geprüft würden, litten schon darunter, daß sie nicht ganz sicher seien. Füge man zu der jetzigen Unsicherheit die weitere

[1]) So wiederum Osterrieth, Materielles Recht und formales Recht im Patentrecht, Gew. Rechtssch., August 1913, S. 190.

[2]) Ähnlich: Schloßmacher-Frankfurt, Ausschußsitzung des Bundes Deutscher Industrieller, Leipzig, 10. Sept. 1913.

Unsicherheit der Patente wegen der subjektiven Erfinderfrage, so werde der Verkehrswert gemindert. Das Patenterteilungsverfahren, das Anmeldeverfahren, dürfe nicht belastet werden. Als notwendige Konsequenz des neuen Systems sehe Redner die Befugnis der Gerichte, unter Umständen einstweilige Verfügung zu erlassen, daß das Anmeldeverfahren ausgesetzt werde. Als weitere notwendige Konsequenz sehe er die Ermächtigung des Erfinders, sich dem Anmeldeverfahren anzuschließen. Man komme also doch dazu, daß auf Umwegen das Anmeldeverfahren eine sehr bedenkliche Belastung erhalte. Wirklicher Geheimrat Dr. Hamm=Bonn mußte einräumen, daß das Recht des Erfinders auf das Patent nicht von großer praktischer Bedeutung sei. Rechtsanwalt Dr. Wertheimer=Frankfurt erklärte ebenso, daß die Wichtigkeit der Frage übertrieben werde. Je mehr man sich in die Materie vertiefe, desto unlösbarer erschienen die auftauchenden Fragen. Er habe in früheren Publikationen[1]) sich mehr für die Seite der Angestellten ausgesprochen. Allein, so verlockend die Frage der Regelung der Angestelltenerfindung für jeden Sozialempfindenden sei, desto mehr müsse mit den beiden Juristentagen, welche an der Lösung dieser Frage vergeblich gearbeitet hätten, man zur Einsicht kommen, daß die Lösung äußerst diffizil sei. Die Patentkommission des Deutschen Vereins habe trotz der gründlichen Arbeit, welche sie geleistet habe, eigentlich zur Lösung der Frage nichts beigetragen. Dies ergebe sich schon daraus, daß der ganze Streit von neuem ausbreche, wenn es sich um die Frage handle, wem eigentlich die Auslandspatente gehören sollen. Nach dem dritten Lebensjahre seien schon 57,7 %[2]) aller Patente erloschen. Warum eigentlich dann dieser furchtbare Streit? Denn wenn die Mehrzahl aller Patente bereits nach fünf Jahren nicht mehr existiere, warum dann die laut erhobene Forderung? Rechtsanwalt Doermer=Elberfeld sprach sich ebenfalls für Ablehnung des ersten Leitsatzes, daß der Erfinder berechtigt sei, die Nennung seines Namens in den amtlichen Urkunden über die patentierte Erfindung zu verlangen, aus. Bei der Erfindung liege die Sache ganz anders, wie bei dem Urheberrecht an Kunstwerken; letzteres sei ein reines Persönlichkeitsrecht. Die Persönlichkeit des Erfinders aber spiele keine Rolle. Die Erfindung habe genau denselben Wert, ob sie von dem oder jenem gemacht sei. Das ausschließliche Recht an der Erfindung werde erst durch einen Akt staatlicher Verleihung gewährt. Einen analogen Vorgang habe man beim Urheberrecht nicht. Gerade dieser Akt staatlicher Verleihung, mit welchem das ausschließliche Recht verknüpft sei, habe zweckmäßig dazu geführt, daß man nicht dem Erfinder, sondern dem Anmelder, den Anspruch auf das Patent erteile. Er sei deshalb, zumal da der Unterschied zwischen dem jetzigen und dem von der Kommission erstrebten Zustande ein sehr minimaler

[1]) Z. B. Das Erfinderrecht der Angestellten und seine Reform (Monatsschrift für Handelsrecht und Bankwesen, Berlin 1907 Nr. 3).

[2]) Näheres über die Lebensdauer der deutschen Patente von Patentanwalt Georg Neumann=Berlin (Gewerbl. Rechtsschutz, August 1906 S. 254 Nr. 8).

sei, der Ansicht, man sollte es bei dem jetzigen Zustande belassen. Was werde denn eigentlich durch diesen Vorschlag der Kommission an dem jetzigen Zustande geändert? Er könne sich nur das eine denken, daß dadurch eine Klage des Erfinders ermöglicht werde gegen einen Nichterfinder oder dessen Rechtsnachfolger. Diese Fälle seien selten. Wenn sie aber kommen, dann sei er der Ansicht, daß es dem Erfinder schwer werde, durchzudringen. Er werde beweisen müssen, daß er der Erfinder sei und daß der andere es nicht sei, auch nicht der Rechtsnachfolger des Erfinders. Auf dem Gebiete der Erfindungen kommen oft Nacherfindungen vor. Viele hängen quasi in der Luft. Diplomingenieur Gondos-Kalk a. Rh. stellte sich wiederum als Gegner des Prinzipes I der Patentkommission vor. Es fehle an der letzten Konsequenz. Wenn das Erfinderrecht nicht durchführbar sei, so sei das Prinzip zu verwerfen. Dann dürfe auch die Namensnennung nicht erhalten bleiben. Duisberg sei nicht konsequent, wenn er, aller von ihm anerkannten Bedenken und Zweifel ungeachtet, dennoch an der Nennung des Erfindernamens festhalte. Die Patentkommission des Deutschen Vereins habe in bezug auf das Erfinderprinzip so viele Kautelen geschaffen, daß vom Prinzipe nicht viel übrig bleibe. Was übrig bleibe, sei nicht annehmbar. Redner sei gegen ein Kompromiß. Der Vorschlag der Patentkommission, der ja doch die äußersten Folgen des Erfinderprinzips nicht ziehe, sei nichts weiter, wie ein Kompromiß. Der menschliche Egoismus in seiner Nacktheit werde sich zeigen, wenn man die neue Methode annehme. Die Verhältnisse könnten unleidlich werden. Diplomingenieur Ingrisch-Benrath war der Ansicht, daß durch die Annahme des Punktes I im wesentlichen an dem jetzigen Rechte nichts geändert würde. —

Diplomingenieur Stiehl-Berlin, welcher (wie der Sekretär des Bundes der technisch-industriellen Beamten Sohlich-Berlin, Patentanwalt Wangemann-Berlin, Rechtsanwalt Schmid-Berlin, Advokat Dr. Abel-Wien, Landgerichtsdirektor Dr. Degen-Leipzig, Rechtsanwalt Krug-Frankfurt, Rechtsanwalt Dr. Lichtenberger-Ludwigshafen, Arved Jürgensohn-Friedenau) im großen und ganzen für die Kommissionsbeschlüsse sich aussprach, hatte ein Amendement zum ersten Kommissionsantrag gebracht: „Ist eine Erfindung von mehreren Personen gemacht worden, so ist das Patent demjenigen zu erteilen, der die Erfindung zuerst anmeldet." Dieser Antrag Stiehl wurde abgelehnt.

Dagegen wurde der Kommissionsantrag angenommen. Der Beschluß des Stettiner Kongresses lautete also in bezug auf Punkt I: „Das Patentgesetz ist dahin abzuändern, daß der Anspruch auf ein Patent oder Gebrauchsmuster dem erstanmeldenden Erfinder oder Rechtsnachfolger zusteht, wobei als Erfinder oder Rechtsnachfolger des Erfinders der erste Anmelder vermutet wird."

In bezug auf

V.: Auch im Falle der Übertragung der Erfindung oder der Anmeldung der Erfindung durch einen anderen verbleibt dem nachweislichen Erfinder das unveräußerliche Recht, auf Verlangen in der Patentschrift und Patentrolle, sowie in der Gebrauchsmusterrolle als Erfinder bezeichnet zu werden.

VI.: 1. Mit Zustimmung des Anmelders ist der Name des Erfinders in der Patentrolle zu vermerken.

2. Der Erfinder kann sein Recht auf Namensnennung im Wege der Klage gegen den Anmelder bzw. gegen den eingetragenen Patentinhaber und gegen den fälschlich als Erfinder Bezeichneten geltend machen.

3. Die Klage verjährt innerhalb einer Frist von 3 Jahren vom Tage der Bekanntmachung des Patents oder gegebenfalls vom Tage der Bekanntmachung der Erfinderbezeichnung.

II. Die Leitsätze I, V und VI der Kommission des Deutschen Vereins wurden unter I gegenwärtigen Aufsatzes gründlicher behandelt. Einmal deshalb, weil sie sachgemäß in die Materie des vorläufigen Entwurfs einführen. Sodann weil eine Anzahl von Schriften, Anträgen und Beschlüssen der Dienstvertragsgegner großer Unternehmungen sich gerade mit der Reformbestrebung auf ideellem Gebiet besonders eingehend beschäftigt haben. Dann deshalb, weil der Allgemeine Erfinderverband in seiner oben zitierten Denkschrift bei Geißelung des antisozialen Geistes, welcher angeblich unser Patentgesetz durchdringe, kräftigst das Recht auf den Namen verfochten hat. Nicht zum wenigstens deshalb, weil die Ansichten eines Bolze, Siemens, Budde, Kloeppel usw., welche sich in bezug auf die weitergehenden Forderungen meist in bewußten Gegensatz zu den die Vertragsfreiheit einengenden Reformvorschlägen gesetzt haben, im Punkte des Namensrechtes mehr oder weniger zur Konzession sich bereit gezeigt haben. Trotzdem liegt der Kern der ganzen Frage, welche in unserer bisherigen Gesetzgebung absichtlich nicht geordnet und nur in der Rechtsprechung wiederholt eingehend behandelt worden ist, offenbar darin, ob man beim Anstellungsvertrage, soweit Erfindungen in Betracht kommen, den bislang gültigen Grundsatz der formalen Vertragsfreiheit beibehalten oder aber dem Muster des österreichischen Patentgesetzes, vielleicht auch verschiedener Normen unseres Handelsrechts (VI. Abschnitts), sich anschließen soll. Das österreichische Gesetz vom 11. Januar 1897, betreffend den Schutz der Erfindungen, enthält in seinem § 5 folgende Bestimmung: „Arbeiter, Angestellte, Staatsbedienstete gelten als die Urheber der von ihnen im Dienste gemachten Erfindungen, wenn nicht durch Vertrag oder Dienstvorschriften etwas anderes bestimmt wurde.

Vertrags- oder Dienstbestimmungen, durch welche einem in einem Gewerbeunternehmen Angestellten oder Bediensteten der angemessene Nutzen aus den von ihm im Dienste gemachten Erfindungen entzogen werden soll, haben keine rechtliche Wirkung."

Kein Geringerer, als Kohler [1]) bezeichnet den § 5 des österreichischen Gesetzes als eine Bestimmung von überraschender Kühnheit und Freiheit des Blickes, von großem Verständnis für die soziale Lage des Erfinders

---

[1]) Handbuch des Deutschen Patentrechts in rechtsvergleichender Darstellung (1900) S. 235. Siehe auch dessen neuesten Aufsatz: Über die Etablissementserfindung, Markenschutz und Wettbewerb, Juli 1913, Nr. 10. Vgl. ferner hiezu: Leo Munk, Das österreichische Patentgesetz (1901) S. 44 ff.; Sumann, Kommentar zum österreichischen Patentgesetz, Wien 1904 S. 63 ff.

und großer gesetzgeberischer Weisheit. Hiebei hat er vor allem den oben wiedergegebenen II. Absatz im Auge.

Was in Österreich Gesetz ist, gilt keineswegs in den übrigen Kulturstaaten, speziell in Deutschland. Ich habe schon oben diejenigen Autoren angeführt, welche einen Vergleich zwischen Österreich und dem Deutschen Reich nicht für angebracht halten. Soviel ist aber zu allernächst sicher, daß eine prinzipielle Untersuchung des Angestelltenrechtes davon ausgehen muß, daß die Erfindung der Person gehört, welche sie gemacht hat. Die wohlberechtigten Bedenken an der natürlichen Beantwortung der Frage in diesem ursprünglichen Sinn werden bloß durch die sattsam diskutierte Tatsache erweckt, daß eben der Erfinder der Angestellte eines anderen ist, welchem er seine Arbeitskraft entgeltlich mit der Obliegenheit, das Arbeitsresultat ihm zu widmen, verdungen hat. Sehr bestritten ist dann weiter, ob der Abschluß eines Dienstkontraktes den Willen des Dienstnehmers voraussetzt, daß die ganze Persönlichkeit und das ganze geistige Können der Produktionsanstalt, welche ihre Methode, Räume, Materialien, Arbeitsgelegenheiten und Mittel dem Dienstnehmer bereit stellt, dienstbar gemacht sein soll. Der Gesetzgeber hatte bisher zu diesen Fragen geschwiegen.

Nur in einem Falle, nämlich demjenigen des Geschmackmusterrechtes, ist am 11. Januar 1876 § 2 bestimmt gewesen: „Bei solchen Mustern und Modellen, welche von den in einer inländischen gewerblichen Anstalt beschäftigten Zeichnern, Malern, Bildhauern usw. im Auftrage oder für Rechnung des Eigentümers der gewerblichen Anstalt angefertigt werden, gilt der letztere, wenn durch Vertrag nichts anderes bestimmt ist, als der Urheber der Muster oder Modelle."

Eine sonstige gesetzliche Norm existiert auf dem Gebiete des gewerblichen Rechtsschutzes bis zur Stunde nicht.

Die Rechtsprechung des Reichsgerichts hat sich bloß mit denjenigen Fällen beschäftigt, in welchen Vertragslosigkeit vorlag. Früher wurde die im Gewerbe gemachte Angestelltenerfindung ohne weiteres dem Dienstherrn zugesprochen.[1]) Später hat der Oberste Deutsche Gerichtshof sich dahin ausgesprochen, daß zwar beim Konstrukteur vorauszusetzen sei, daß er nicht bloß zum Zweck der Betriebsaufsicht sich verdungen habe, sondern sein volles Können und seine geistige Mitarbeit auf dem Gebiet, unter den sein Vertrag falle, dem Geschäftsherrn zu widmen habe, daß sich aber dies auf den Arbeiter nicht beziehe, weil dieser nicht für Erfindungen und für eine geistige Arbeit angestellt sei.

Nach und nach wurde das Reichsgericht sozialer.[2]) Am 8. Juni 1899 (Entsch. in Strafsachen Bd. 32 S. 218) wurde die These aufgestellt, daß der Arbeitgeber nicht eo ipso jede Erfindung eines dienstlich ihm

---

[1]) Gareis, Entsch. in Patentsachen Bd. 4 S. 102 Bd. 6 S. 140. Entsch. des Reichsgerichts vom 29. Oktober 1883.

[2]) Entsch. in Straff. Bd. 27, 51; JW. 95, 290 Nr. 10, Bd. 29 S. 49; PBl. Bd. 2 S. 115, Bd. 10 S. 364; JW. 1896 S. 359; Entsch. vom 22. April 1898, 4. März 1903, 5. Oktober 1903.

Verpflichteten ansprechen könne.[1] Dies solle vielmehr nur stets da der Fall sein, wo dem Angestellten die Verbesserung der Fabrikationsmethoden zur Pflicht gemacht sei. Erfinde er auf diesem Wege, so gehöre die Erfindung seinem Prinzipal.

Heute besteht in der Literatur Einverständnis, daß es im einzelnen darauf ankommt, ob in concreto die Erfinderarbeit einen Teil des Dienstkontraktes bildet.[2]) Es ist zu prüfen, ob ein genereller Auftrag, zu erfinden, vorlag. Trifft dies zu, so ist der Geschäftsherr anspruchsberechtigt. Kohler kleidet dies in folgende Worte: „Ein solches Stellvertretungsverhältnis tritt ohne Vertrag dann ein, wenn jemand in eine Produktionsanstalt als Techniker in der Art eintritt, daß er sein technisches Wissen und Können nach bestimmter Richtung hin der Produktionsstätte zur Verfügung stehen soll. Wie der Arbeiter der Fabrik seine Spezifikationen, wie der Zeichner das Musterrecht seiner Musterzeichnungen, so gibt hier der Erfinder seine Erfindungen der Anstalt hin. Der Techniker hat nicht nur die Produktion im bisherigen Geleise zu überwachen, er hat nicht nur die Produktion fortzubilden durch konstruktive Neuerungen, durch die Resultate technischen Geschickes, sondern auch durch kleine oder große Erfindungen, welche er innerhalb der Produktionssphäre der Fabrik macht. Sein technisches Können und Leisten soll der Produktionsstätte zukommen; seine erfinderische Gabe ist mit ein Grund für seine Berufung, für seine Stellung."

Kohler[3]) macht also einen Unterschied, ob expressis verbis der Dienstnehmer den vollen Umfang seiner Tätigkeit von Anbeginn dem Chef widmet und so seine Erfolge diesem zueignet oder ob der Dienstnehmer Stellvertreter des Chefs ist. Professor Allfeld[4]) formuliert den gesetzlichen bzw. richtiger den der Spruchpraxis entsprechenden Rechtszustand folgendermaßen: „Wird eine Erfindung von dem Angestellten einer gewerblichen Anstalt gemacht, so geht ohne besonderen Übertragungsakt das Erfinderrecht sofort mit Vollendung der Erfindung auf den Eigentümer der Anstalt dann über, wenn:

a) dies von vornherein (beim Dienstantritte oder später) für alle Fälle vereinbart ist,

b) die zur Erfindung führende Tätigkeit in den Rahmen der

---

[1]) Eine charakteristische, auch den wirtschaftlichen Standpunkt streifende Entscheidung im neuzeitlichen Sinn; Urteil des RGZ. vom 25. April 1904. Sächs. Arch. f. deutsches bürgerl. R. Bd. 14 S. 625, Gewerbl. Rechtsschutz, Oktober 1905 S. 339. Hammer a. a. O. S. 36 ff. (welcher über zwei Reichsger.-Entsch. vom 25. April 1904 berichtet, ferner S. 56 ff., betr. eine RG. vom 26. April 1905).

[2]) Aktuellste Entscheidungen: RG. 4. Oktober 1910 Recht 10 Nr. 4065. Kaufmann, Handelsr. Rechtssprech., 12. Bd. S. 572, OLG. München 21. Juni 1909 Seuff. Bl. 75, 403. Kaufmann, 11. Bd. S. 445 M. d. PA. 11, 102. Kaufmann, 12. Bd. S. 572 N. 14.

[3]) Dessen Warnung vor dem Überspannen der Individualitätstheorie in seinem Aufsatz vom Juli 1913 (Markenschutz Nr. 10) von Bedeutung ist.

[4]) Kommentar zu den Reichsgesetzen über das gewerbliche Urheberrecht, ferner zu den Internationalen Verträgen zum Schutze des gewerblichen Urheberrechts, München 1904, S. 26.

Aufgabe fällt, die der Angestellte übernommen hat, also einen Teil der physischen und geistigen Arbeitsleistung bildet, die er dem Unternehmen zur Verfügung gestellt hat, oder endlich

c) wenn der Angestellte von dem Prinzipal in dem speziellen Falle beauftragt war, eine auf die Erfindung abzielende Tätigkeit im Interesse der Anstalt zu entwickeln."

Andere Rechtslehrer und Fachschriftsteller haben den Angestellten nicht als Stellvertreter erklärt, sondern haben nach dem Rechtsgrundsatz teils der Dienstmiete, teils der Besitzlehre, den Erwerb des Prinzipals begründet.[1]) Eigentumserwerb wurde auch für den Fall angenommen, daß in einem gewerblichen Betriebe eine Mehrzahl von Personen schöpferisch Methoden verbessert und Erfindungen macht. In diesem Falle ist die Erfindung Eigentum des Etablissements, mit anderen Worten des Dienstherrn.

Schon de lege lata machte sich freilich bereits seit etwa 10 Jahren eine Bewegung bemerkbar, welche grundsätzlich die Erfindertätigkeit eines Ingenieurs usw. in allen Fällen dem Engagierten zuweisen will. Bereits das Rechtsgutachten von Meili, das ich oben angeführt habe, schwenkt nach dieser Richtung. Meili war es auch, welcher im Jahre 1894 auf Verlangen des k. k. österreichischen Handelsministeriums ein Gutachten über den Entwurf zu dem neuen Patentgesetz beinahe wörtlich im Sinne des 1897 statuierten § 5 erstattet hatte. Ähnlich ließen sich aus: Fuld,[2]) Böhmer,[3]) Schindler.[4])

Es ist auch in einem den Dienstangestellten günstigen Sinne von Juristen darauf hingewiesen worden, daß die Anstellungsverträge meist die Leistung von Arbeiten und Diensten, durchaus aber nicht das Produkt der Dienste, anstreben.[5]) Edwin Katz hat dargelegt, daß weder auf der Grundlage des Werk- noch des Dienstvertrages die Frage entschieden werden könne: „der rechtliche Inhalt des Ver-

---

[1]) Reuling, Anrechte der Auftraggeber und Dienstherren an den Erfindungen ihrer Beauftragten und Angestellten, Berlin 1892; Rosenthal, Patentgesetz S. 86; Seligsohn, Patentgesetz S. 80; Schmid, Gewerbl. Rechtsschutz 1, 91 (1892). Siehe hiezu weiter: Biberfeld, Anspruch des Staates auf die Erfindungen seiner Angestellten, Gewerbl. Rechtsschutz 3, 186 ff. (1898). Für den Staat als Unternehmer gelten nach Isay (Patentgesetz S. 91) keine besonderen Regeln. Zu dieser Frage: Erlaß des preuß. Handelsministeriums vom 12. Juli 1878 Bl. 78, 171. (Vgl. Geh. Reg.-Rat Prof. Dr. jur. Stephan vom Patentamt bei Hammer a. a. O. S. 11 ff. u. 50 ff.). Verf. vom 7. Dezember 1878 Bl. 79, 23; Kohler, Handbuch S. 237; Edwin Katz, Gewerbl. Rechtsschutz Juli 1906 S. 217; Dambach, Patentges. S. 14; Nichtigkeitsabt. des Patentamts vom 29. Juni 1905. Dagegen zugunsten der Staatsbeamten: Damme, Deutsche Juristenzeitung Jahrg. 3 S. 399; Kohler, Handbuch S. 240.

[2]) Die Erfindungen von Angestellten, Österreichisches Patentblatt 1905 Nr. 16.

[3]) Gebührt das Patent dem dienstverpflichteten Erfinder oder dem Arbeit- oder Auftraggeber? Gewerbl. Rechtsschutz und Urheberrecht S. 329.

[4]) Über das Erfinderrecht der Arbeiter, Angestellten, Beamten und Gesellschaften nach schweizerischem Recht (Zürich 1895). Siehe auch Protokoll über die Sitzungen der Experten-Kommission zum schweizerischen Patentgesetz, Oktober 1887 S. 19 ff.

[5]) Hachenburg, Dienstvertrag und Werkvertrag S. 40.

trages würde überspannt werden, wenn man aus ihm ableiten wollte, daß der Dienstpflichtige einen Erfolg zusagen will, an welchen beim Vertragsabschluß weder er noch der Dienstherr denkt und dessen Vermögenswert einen gänzlich anderen Gegenwert, als die einfache Entlohnung einer regelmäßigen Arbeitsleistung, bedungen hätte. Zudem überträgt der Dienstvertrag nur obligatorische Ansprüche, niemals ein Eigentumsrecht." Edwin Katz bekämpft also die reichsgerichtliche Anschauung, daß aus dem Dienstvertrag die Ansprüche des Geschäftsherrn an die Erfindungen der Angestellten abzuleiten seien. Katz meint weiter, daß, wenn man einmal, wie er, nicht davon ausgehe, daß der Verdingte auch zukünftige Erfindungen während der Dienstzeit dem Dienstherrn einbringe, es gleichgültig sei, ob die Erfindung im Bureau oder in der Wohnung, innerhalb oder außerhalb der Dienstzeit, gemacht sei. Nur für den Fall der Etablissementserfindung will Katz eine Ausnahme zugunsten des Geschäftsherrn zulassen. —

Diametral verschieden sind die Anschauungen derjenigen, welche von einem Detentionsverhältnis der im Erwerbsgeschäft angestellten Personen ausgehen. Die detentio alieno nomine ist im § 855 BGB. geregelt: „Übt jemand die tatsächliche Gewalt über eine Sache für einen anderen in dessen Haushalt oder Erwerbsgeschäft oder in einem ähnlichen Verhältnis aus, vermöge dessen er den sich auf die Sache beziehenden Weisungen des anderen Folge zu leisten hat, so ist nur der andere Besitzer."

Aus dieser zivilrechtlichen Vorschrift wird die Anschauung abgeleitet, daß der Dienstnehmer die Erfindung als Glied eines fremden Erwerbsgeschäftes ausübe und daher in Ansehung des Erfindungsgegenstands den Weisungen seines Kontrahenten, welchem die Erfindung zufalle, Folge zu leisten habe. Isay insbesondere hat [1]) sich dahin ausgesprochen, daß der § 855 BGB. auf den Erfindungsbesitz eine dem Sachenrecht analoge Anwendung zu finden habe. Das sei für den Besitzerwerb von hoher praktischer Bedeutung. Unter den Voraussetzungen des § 855 erwerbe der Dienstherr den Besitz an der Erfindung. Die Voraussetzungen des § 855 seien, auf das Erfinderrecht bezogen, folgende beiden: 1. Der Angestellte müsse in den Betrieb des Geschäftsherrn eingegliedert sein, in einem dauernden Abhängigkeitsverhältnis stehen. 2. Die Erfindung müsse innerhalb des Rahmens der Tätigkeit liegen, welche dem Angestellten im Betriebe obliege.[2]) Ob dem Angestellten eine solche Tätigkeit obliege, könne sich aus verschiedenen Momenten ergeben: a) dem ausdrücklichen Anstellungsvertrag; b) dem besonderen Auftrag; c) den Umständen. Isay zählt zu den zu beachtenden Um-

---

[1]) Anmerkung 12 ff., Anhang zu § 1 und 2 des Patentgesetzes S. 89 ff. Derselbe, Geschäftsführung S. 273, 286, 305, 355. Vgl. schließlich Stettiner Kongreß S. 32 ff.

[2]) PABlatt 79, 231; RGBlatt 4, 140. Juristische Wochenschrift 98, 365; 1906, 738.

ständen gerade diejenigen, welche Edwin Katz als unbeachtlich erklärt, nämlich Dienststunden, oder nicht, die Betriebsstätte, oder nicht, Material und Personal des Geschäftsherrn, oder nicht. Isay hat freilich die Spruchpraxis und meiste Literatur für sich.[1]) —

Es bliebe noch diejenige Gruppe von Schriftstellern zu erwähnen, welche dem Erfinder ein Urheberrecht an der Erfindung zubilligen, ein Individualrecht, welches unübertragbar sei, welches auch negatorische und Schadensersatzklagen zum Schutze habe.[2]) —

Soweit die rechtlichen Begründungen der strittigen Fragen nach dem bestehenden Rechte.

Nicht einer der Schriftsteller und nicht eine der Entscheidungen hat sich nach alledem auf den Standpunkt gestellt, daß ein Vertrag, mit welchem der Angestellte die sämtlichen Erfindungen, welche der Angestellte im Betriebe mache, dem Prinzipal bei Vertragsabschluß zuwende, contra bones mores und rechtsunwirksam sei.[3]) Es wird bloß zuweilen der Satz: „noblesse oblige" aufgestellt. Anderson a. a. O. erklärt es[4]) freilich als selbstverständlich, daß die Vergütung entweder im Wege gütlicher Einigung oder auf anderem Wege zwingend nachträglich festgesetzt werden müsse. Den Ausgangspunkt für die richtige Festsetzung einer Entschädigung müsse die Tatsache bieten, daß es bei Abschluß des Dienstvertrages beiderseits gleichmäßig unterlassen worden sei, den Fall einer Angestelltenerfindung vorzusehen, geschweige denn sich besondere Vorteile zu sichern, und daß deshalb ein überwiegender Saldoanspruch im Prinzip keinem von Beiden zustehe.

III. Nach diesem Ausflug auf die Höhen der Praxis des Reichsgerichtes und die Gipfel der Autoritäten des Patentwesens, wollen wir zu den Beschlüssen der Kommission des Deutschen Vereines zurückkehren! Welcher Wandel in den Anschauungen zeigt sich hier in bezug auf das Verdienst und den Verdienst der Untergebenen seit dem Jahre 1877, in welchem der Kampf der Gemüter um die (uns heute naiv erscheinende) Frage tobte, ob überhaupt ein Patentgesetz vonnöten sei!

Πάντα ῥεῖ. Und das gilt am ersten von Rechtsgefühl, von Zeitströmungen, von sozialen Einflüssen. Wir haben gesehen, daß die Judikatur des Reichsgerichtes dem Einflusse solcher Mächte sich ebenfalls

---

[1]) Gareis, Die patentamtlichen Entscheidungen 7, 128; Juristische Wochenschrift 87, 209; RG. Patentblatt 89, 120; Bolze, Die Praxis des RG. 3, 217; 6, 162.

[2]) Leo Munk, Patentrechtliche Lizenz S. 3; Paul Alexander Katz, Polytechnisches Zentralblatt 57, 211; der Nämliche, Stettiner Kongreß S. 57 ff.; Schanze, Gewerblicher Rechtsschutz und Urheberrecht, 1902 Bd. 7 S. 65—78; der Nämliche, Deutsche Juristenzeitung 1906 Nr. 16, 17; der Nämliche, Gutachten für den Karlsruher Juristentag Bd. 1 S. 82; Anderson, Gewerblicher Rechtsschutz 1912 Nr. 6 S. 178 ff.

[3]) Vgl. z. B. den Standpunkt des RG., Gew. Rechtsschutz, August 1906 S. 259 und 260, wo gerade die Frage der Höhe der Vergütung angeschnitten ist; I. Zivilsenat S. 565, 5. Dezember 1906; Stephan S. 23 ff., Kohler S. 236, Allfeld S. 26, Seligsohn S. 79, Isay S. 89.

[4]) Im Gegensatz zu der unter Note 3 zitierten RGEntsch. (abgedr. August 1906, Gew. Rechtsschutz S. 260).

nicht entziehen konnte. Sie hat rechtsschöpfend fortgearbeitet, sie hat über den Buchstaben des Patentgesetzes sich hinweggesetzt, sie hat ein Recht des Erfinders festgestellt, sie hat einen Anspruch an der Erfindung anerkannt. Ex aequo et bono. Nun sagen die konservativen[1]) einen: „Die so vom Reichsgericht vorgenommene Rechtsbildung genügt. Die Praxis des höchsten Gerichts bedeutet eine befreiende Tat. Mehr aber ist überflüssig". Die revolutionären[2]) anderen sagen: „Die Rechtsprechung zeigt, daß das Gesetz obsolet ist. Wir bedürfen eines Gesetzes über den Erfindungsschutz! Gegen Kapitalismus und societates leoninae!"

Vergegenwärtigen wir uns zunächst die von der Kommission gewollte Neuordnung, um späterhin die Beschlüsse des Stettiner Kongresses uns anzusehen und um schließlich zu beobachten, was von alledem der vorläufige Regierungsentwurf angenommen oder ausgemerzt hat! Über die moralische Stütze, welche die Vorschläge I, V und VI der Kommission dadurch dem Erfinder boten, daß der Patentanspruch dem erstanmeldenden Erfinder oder Rechtsnachfolger zustehen und daß die unter dem Schlagwort der Erfinderehre bekannte Frage Neuregelung erfahren soll, haben wir uns bereits oben (unter **I** meiner Schrift) unterhalten. Im übrigen hat die Kommission den Standpunkt des Patentgesetzes von 1877 in weiteren wesentlichen Punkten verlassen und die Früchte der schöpferischen Arbeit des Dienstnehmers unter gewissen Umständen nicht dem Betriebsherrn zugewiesen.[3]) Die Anträge II—IV der Kommission des Deutschen Vereins haben folgenden Wortlaut:

II. „Das Recht an der Erfindung einschließlich des Anspruchs auf das Patent ist grundsätzlich übertragbar. Eine gesetzliche Beschränkung der Vertragsfreiheit ist nicht zu empfehlen."

III. „1. Ist ein Patent nicht von dem Erfinder oder dessen Rechtsnachfolger angemeldet, so steht jedem Urheber der in Frage stehenden Erfindung oder dessen Rechtsnachfolger das Recht zu auf Übertragung des Anspruches auf das Patent oder auf Übertragung des schon erteilten Patentes.

2. Das gleiche Recht steht demjenigen zu, dessen mündlichen oder schriftlichen Beschreibungen, Zeichnungen, Modellen, Gerätschaften oder Einrichtungen oder Verfahren der Inhalt der Anmeldung ohne seine Genehmigung entnommen worden ist.

---

[1]) Nicht im politischen Sinn.

[2]) Nicht im politischen Sinn.

[3]) Eine epochemachende Arbeit ist die oben bereits erwähnte von Dr. Rich. Alexander Katz: Entwurf einer Novelle zum Patentgesetz nebst Motiven, Gew. Rechtsschutz April 1907, mit folgendem Vorschlag in § 5, der hier vor allem einschlägt: „Das Eigentum an den von Angestellten und Arbeitern gemachten Erfindungen steht den Dienstherren derselben nur zu, wenn dies vertraglich bedungen oder die Erfindung im Auftrage des Dienstherrn und für denselben gemacht ist. Im Zweifel versteht sich Vertrag und Auftrag dahin, daß die Erfindung von dem Dienstherrn für die Zwecke seines Betriebes benutzt und in demselben ausgebeutet werden darf.

3. Die Erhebung der Klage aus 1 und 2 ist zulässig vom Zeitpunkt der Anmeldung an.

Im Falle 1 verjährt die Klage 3 Jahre nach Erteilung des Patentes.

4. Für die Klagen aus 1 und 2 sind ordentliche Gerichte zuständig.

5. Wird während des Anmeldeverfahrens die Klage aus 1 und 2 erhoben, so kann die Anmeldeabteilung auf Antrag das Verfahren bis zu dessen Erledigung aussetzen, wenn der Anspruch des Klägers glaubhaft gemacht wird.

Das Gericht, bei dem die Klage auf Übertragung anhängig ist, kann durch einstweilige Verfügung

a) die Aussetzung des Anmeldeverfahrens anordnen,

b) den Kläger ermächtigen, sich dem Anmeldeverfahren anzuschließen.

In diesem Falle ist der Kläger im Anmeldeverfahren nach den Grundsätzen der Nebenintervention zugelassen."

IV. „Mangels einer ausdrücklichen Vereinbarung soll das Recht an der Erfindung stillschweigend auf einen anderen übergehen, insoweit als der Erfinder kraft seines Dienst- oder sonstigen Vertragsverhältnisses dem anderen zu einer Beschäftigung verpflichtet ist, in deren Bereich Gegenstand oder Verfahren von der Art des Erfundenen fallen, und wenn

a) die ausschließliche Verfügung über die Erfindung zum Bereiche des gewerblichen oder wissenschaftlichen Betriebes des anderen gehört oder

b) wenn sie so beschaffen ist, daß sie ihre volle geschäftliche Wirkung für den anderen nur bei ausschließlicher Benutzung hervorbringen kann.

Gehört die Erfindung nicht zum Bereiche des Betriebsherrn und kann sie ihre volle geschäftliche Wirkung für diesen auch bei nicht ausschließlicher Benutzung hervorbringen, so kann der Dienstherr nur eine freie Lizenz für sie beanspruchen."

G r ü n d e: Wenn nur e i n Erfinder vorhanden ist, dann liegt die Sache einfach. Schwieriger wird die Frage, wenn mehrere unabhängige Erfinder vorhanden sind. Die Kommission sagte: Jeder Erfinder hat Anspruch solange, als nicht ein anderer Erfinder ihm zuvorkommt. Der Anspruch des Erfinders gegenüber dem nichtberechtigten Anmelder ist auf Übertragung gerichtet. Wenn das Patent noch nicht erteilt ist, auf Übertragung des Anspruches auf das Patent. Wenn das Patent erteilt ist, auf Übertragung des Patentes selbst. Hat der Erfinder kein Interesse an dem Bestehen des Patentes, so kann er auf das Patent verzichten, oder es verfallen lassen. Für die Geltendmachung des Anspruches auf Übertragung muß eine Frist gesetzt werden, um nicht die Ausführung von patentierten Erfindungen für die ganze Dauer des Patentes zu gefährden. Im Interesse des gutgläubigen Erwerbers des Patentes muß nach einem gewissen Zeitraum eine Beruhigung eintreten. Die Kommission entschied sich (nach dem österreichischen Vorbilde) für die 3jährige Frist. Das Recht des Erfinders wird, wie gesagt, unabhängig vom Patenterteilungsverfahren geregelt. Es soll also in einem besonderen

Verfahren eine Klage auf Übertragung des Anspruches auf das Patent oder des Patentes zulässig sein. Man entschied sich für die ordentlichen Gerichte, allerdings damals in der Erwartung, daß die [erfreulicherweise durch den Deutschen Juristentag [1]) (Danzig 1910) abgelehnten] Sondergerichte für gewerblichen Rechtsschutz eingerichtet und dann auch für Übertragungsklagen zuständig sein würden. Dem Patentamt wurde durch die Kommission, im Falle der Glaubhaftmachung der Berechtigung der Übertragungsklage, das Recht der Aussetzung und dem ordentlichen Gericht das Recht auf einstweilige Verfügung gegeben, wonach das Anmeldeverfahren auszusetzen oder Kläger als Nebenintervenient im Anmeldeverfahren zuzulassen sei. Die Kommission ging ferner davon aus, daß, wenn die hier vorgeschlagene Regelung des Anspruches des Erfinders auf Übertragung für richtig anerkannt werde, sich hieraus die Notwendigkeit ergebe, die Bestimmungen des geltenden Gesetzes über Erfindungsentnahme entsprechend umzugestalten (Kommissionssatz III, 2).

Am meisten interessiert hier die Frage: Unter welchen Voraussetzungen geht das Recht an der Erfindung auf einen anderen über? Hiebei sind wiederum die zwei Fälle ins Auge zu fassen: Vertrag und Vertragslosigkeit.

Daß eine ausdrückliche Vereinbarung den Übergang einer Erfindung zur Folge hat, ist zweifellos. Meinungsverschiedenheit bestand, ob solche Vereinbarung unter allen Umständen rechtswirksam sein solle. Von Angestelltenseite wurde die Forderung aufgestellt, die Übertragung künftiger Erfindungen, namentlich die Übertragung aller künftigen Erfindungen, für unzulässig zu erklären. Es gibt Fälle, in denen ein Angestellter ausgebeutet wird, allein diese können heute schon nach § 138 BGB. als sittenwidrig angefochten werden. Schematische Vorschriften würden eine Schädigung der Industrie und der Angestellten zur Folge haben. Wenn jeder Angestellte für die Abtretung seiner Erfindungen besondere Ansprüche stellen dürfte, träte zunächst eine Herabsetzung der Angestelltengehälter ein. So sänke natürlich der Wert der Normalleistungen der Angestellten. Die Organisation der Industrie verträgt derartige Beschränkungen ihrer Dispositionsfreiheit nicht. Die Kommission hat sich folglich grundsätzlich gegen eine Beschränkung der Vertragsfreiheit der Erfinder ausgesprochen. Kein Gebiet des Urheberrechts kennt eine derartige Beschränkung der Vertragsfreiheit.

Ganz anderer Natur ist die zweite Frage: Unter welchen Voraussetzungen geht eine Erfindung auf den anderen über, wenn keine ausdrückliche Abmachung gegeben ist?

Zunächst sei alles dasjenige im Auge behalten, was oben unter **II** meines Aufsatzes für den Fall der Vertragslosigkeit nach den Deduktionen des Reichsgerichts und der Kommentatoren in Deutschland gilt! Die konstruktive Streitfrage, ob die Willensübereinstimmung oder die Tatsache des Angestelltenverhältnisses die Grundlage eines Übergangs

---

[1]) Vgl. Gutachten zu diesem von Rathenau, Stahl und dem Verfasser gegenwärtiger Studie. Referate von Degen und Isay.

der Erfindung auf den Prinzipal, in denjenigen Fällen, in welchen die Rechtsprechung zugunsten des letzteren entschied, bildet, ist von der Kommission nicht entschieden worden. Der Angestellte schuldet (nach Ansicht der Kommission) nicht ohne weiteres die Gedanken und Einfälle dem Dienstherrn. Das Entscheidende ist in der geschuldeten Beschäftigung zu suchen, in ihrem Zweck, in dem Rahmen der Verrichtung. Dieser Grundsatz stimmt im wesentlichen mit der Rechtsprechung überein. Der Angestellte ist nicht verpflichtet, Interessen zu dienen, die aus dem Rahmen des Betriebes herausfallen.

Die Angestellten haben schließlich noch die Forderung erhoben, daß der Erfinder einen Anspruch auf einen Anteil an demjenigen Gewinn haben müsse, welchen das einem anderen abgetretene Patent abwerfe. Gestützt wird das Begehren durch Bezugnahme auf § 5 des österreichischen Gesetzes (siehe oben unter **II** meiner Schrift!). Diese Forderung begegnete in der Kommission des Deutschen Vereins entschiedenem Widerspruch. Man erklärte, es sei ganz unmöglich, den ideellen und materiellen Wert der Erfindung oder des Erfindungsanteils zu taxieren. Namentlich in dem Zeitpunkt der Entstehung der Erfindung. Ein solcher Grundsatz, wenn er auch einem keineswegs unberechtigten sozialen Postulat entspringe, sei in der Gesetzgebung nicht durchführbar. Das sei eine private Wertzuwachssteuer. Da das Patentwesen in Deutschland eine größere Bedeutung habe, als in Österreich, da das Experiment der dortigen (nicht erprobten) Einrichtung von Bedeutung der deutschen Industrie nicht zugemutet werden könne, da — laut eingezogener Erkundigung — Präjudizien des Nachbarlandes auf Grund des § 5 Abs. 4 nicht vorliegen, da schließlich Fachleute aus Österreich sich sehr skeptisch über die neue Norm ausgesprochen und im letzten Grund alles von der Einsicht und dem guten Willen des Arbeitgebers und -nehmers abhängig erklärt haben, hat die Kommission eine gesetzliche Vorschrift für schädlich und undurchführbar erklärt. —

Aus den Beratungen der Leitsätze II—IV der Kommission des Deutschen Vereins in Stettin sei nur einiges Wenige herausgegriffen. Die Verfechter der Kommissionssätze erklärten: Wollte man schlechthin durch Machtspruch sagen, „alle Übertragung künftiger Erfindungen ist null und nichtig", dann würde man den Angestellten zuerst schaden. Denn dann würde sich das Kapital kaum noch beteiligen. Wollte man speziell wegen der Verhältnisse der Angestellten nach einem Rechtssatze suchen, welcher Anstoß erregende Verträge verbietet, so könnte man wiederum nur ein Wort finden, das rechtlich keine weitere Bedeutung hat, als der § 138 BGB. Die Arbeiten der Industrie würden erschwert werden, wenn das Abschließen von Verträgen zwischen einem Angestellten und einem Unternehmer reglementiert würde. Es ist unerfindlich, wie festgestellt werden soll, was ein angemessener Nutzen aus einer Erfindung oder einer Tätigkeit ist. Ein einziges Arbeitsprodukt kann durch eine große Anzahl von Patenten geschützt sein. In derartigen Beschränkungen der

Vertragsfreiheit ist der Anlaß zu fortwährendem Streit, was denn nun eine angemessene Entschädigung ist, zu erblicken. Die Unternehmungen würden (um Streitigkeiten, wenn das Dienstverhältnis zu Ende ist, zu vermeiden) dazu übergehen, die Erfindungen von Personen zu erwerben, welche außerhalb des Unternehmens stehen und denen gegenüber sie nicht beschränkt sind. Das würde für die meisten Erfinder ein erheblicher Nachteil sein, weil sie schwer Stellung finden; desgleichen ein außerordentlicher Nachteil für die Industrie. Der Erfinder braucht den Kapitalisten. In Österreich ist es — wie bereits die Argumente der Kommission ergeben (siehe oben!) — trotz des neuen Paragraphen in der Hauptsache beim alten geblieben. Wenn man sagt, der Angestellte solle nur an dem Gewinn und nicht auch an dem Verlust partizipieren, so ist das ungerecht und unlogisch. Wenn wir den Angestellten dagegen an dem Gesamtrisiko beteiligen, so kommen wir auf kommunistische Bahnen. Bei den Rechtsstreiten über den angemessenen Nutzen der Erfindung würde mitspielen: Erfindungsgedanken, Ausarbeitungen der Erfindung, Versuche nach allen Seiten, Propaganda, Reklame, Verschickung an die Kunden, erste Lieferung, Prozesse, weil die Sache nicht geht, Kinderkrankheiten, welche eine Erfindung durchmacht. Nach vielen Jahren kommt vielleicht der Nutzen. Welche Quote soll man hernach dem Erfindungsgedanken zusprechen? Welche Quote der Ausarbeitung? Welche Quote der kaufmännischen Gewandtheit, Propaganda und Reklame? Welche Quote für die Verluste, bei der Kundschaft usw.? Das kann außergerichtlich, und erst recht gerichtlich, nicht geschätzt werden. Beunruhigung würde — durch solche Rechtsstreite und ihre gutachtlichen Grundlagen — in die Kreise der Dienstherren und Dienstnehmer getragen werden. [So im wesentlichen: Referent Mittelstaedt, unterstützt von Goldschmidt-Essen, Waldschmidt nnd Isay]. Die Tüchtigen unter den Angestellten befinden sich bei dem gegenwärtigen Zustand im allgemeinen recht wohl. Wenn die freien Erfinder sich zum Teil schlecht befinden, so mag dies daher kommen, daß von den vielen Tausend Erfindungen in der Regel etwa 3 % überhaupt etwas wert sind. Erfindungen und Persönlichkeitsbegriffe werden von den Angestellten überschätzt. In mehr als der Hälfte der Fälle ist der Grundgedanke keinen Pfennig wert und der ganze Wert liegt häufig in der Ausführung, in der Ausarbeitung der Methoden. Dazu kommen die kleinen Nebenerfindungen. Solide Mitarbeit kann, zumal was den Geldpunkt angeht, unter Umständen viel mehr wert sein, als alle Genialität. Wenn der Grundsatz, daß jede geistige Tat Eigentum ihres Urhebers ist und diesem gewisse Rechte verleiht, bloß auf Erfindungen angewandt wird, ist er viel zu eng gefaßt und enthält eine starke Ungerechtigkeit gegenüber denjenigen, welche nicht patentierbare geistige Taten vollbringen. Das Recht des Erfinders ist nicht höher, als das des Bankdirektors oder des Meisters oder des Verwaltungsbeamten, welcher eine neue Methode zur Abkürzung der Verwaltung einführt. [So Direktor Professor Dr. Budde-Berlin, der sich — im Zusammenhang mit letzteren Gedanken — auch gegen das „unverzichtbare" Recht, welches in Nr. V der Kommissionsanträge vorgeschlagen wird, ausgesprochen hat. Budde ist Vorstand der Siemens & Halske-A.-G. Berlin. Er führt das Schicksal der Tantallampe als Beispiel dafür an, daß der geniale Grundgedanke oft ohne Geldwert, die Ausführung, Ausarbeitung, Mitarbeit und finanzielle Förderung dagegen weit wichtiger sein kann.] Duisberg (Direktor der Farbenfabriken Bayer-Elberfeld) assistierte dem Vorredner in bezug auf seine praktischen Beispiele: Wenn etwas erfunden ist, welche Mühe und Arbeit muß aufgewendet werden, bis wir zu einem Ziel kommen! Welche Erfindungen müssen gemacht werden, die wir gar nicht alle patentieren lassen können, bis die Erfindung technisch durchgearbeitet und marktfähig geworden ist! Vornehme Unternehmungen werden selbstredend in bezug auf Saläre den Leistungen tüchtiger Angestellter gerecht. Prozentuale Beteiligungen am Reingewinn sind eingeführt. Den Reingewinn für jedes einzelne Produkt zu ermitteln, ist ausgeschlossen. Einstandspreis, Anteil an Löhnen und Salären, Verbrauch an Energien (Dampf, Kraft, Luft, Licht) Verkaufsspesen usw. sind die Faktoren, welche bei Ermittelung des Brutto- und Nettoerlöses miteingeschätzt werden müßten. Eine Klausel, daß eine angemessene Entschädigung bezahlt werden muß für alle Erfindungen, ob sie marktfähige Produkte sind oder nicht, wäre utopistisch. Namen von angestellten Erfindern, welche eine ungerechte Behandlung erfahren haben, konnten von den Reformern nicht genannt werden. Der Unternehmer behandelt in seinem eigenen Interesse einen Angestellten, der eine — kleine oder erst recht eine große — Erfindung gemacht hat, günstig, bessert ihm das Gehalt auf, bewilligt ihm Tantieme oder kommt ihm sonstwie entgegen. Es kann nicht alles durchdringen, was im sogenannten Interesse der Arbeiter am sozialpolitischen Himmel leuchtet. Wer Beschränkungen der Vertragsfreiheit einführen will, wird zum Totengräber der deutschen Industrie. Das Schlagwort vom Schutz der Angestelltenerfindung darf nicht von hypnotischem Einfluß werden. [So Strelitz, welcher die Frage überhaupt nicht für spruchreif und gesetzgeberische Maßnahmen für verfrüht hielt].

Eine Erfindung ist oft in dem Augenblick, wo sie gemacht ist, nichts wert. Nach einem Menschenalter wird sie wertvoller. Wenn der Erfinder dann prozessieren will, wie soll das gemacht werden? In 30 Jahren verjährt die Klage. Es kann vorkommen, daß nach länger, als 30 Jahren eine Erfindung rentabel wird. Wenn nun Verbesserungen an der Erfindung vorgenommen werden, die die Erfindung erst rentabel machen? Welcher Weg der Entschädigung ist hier gangbar? Mit der Annahme eines Leitsatzes, daß Verträge über künftige Erfindung nichtig sein sollten, wird keinem genützt. Wenn die Vertragsfreiheit nicht eingeschränkt wird, so hat das den Erfolg, daß der Angestellte, der treu und ehrlich ist, seine Erfindungen dem Unternehmer mitteilt. Der Geriebene wird seine Erfindungen solange verheimlichen, bis er aus der Stellung oder sein Engagement abgelaufen ist. Dann hat der Unternehmer keinen Erfolg. Aber auch der Ausgetretene hat oft keinen Erfolg. Er ist aus der Stellung, und seine Erfindung, die er nun anmelden will, kann gar nichts wert sein. [Diese Gedanken sind der Diskussionsrede von Strelitz entlehnt].

Geniale Erfinder und untaugliche Konstrukteure sind oft in einer Person vereinigt. In deren Interesse ist es, eine Einschränkung der Vertragsfreiheit unter keinen Umständen zu votieren. [So Cantor]. Das wirtschaftliche und geistige Zusammenwirken zwischen den Großbetrieben und ihren Technikern sowie Ingenieuren sollte mit dem Verhältnis von Fabrikunternehmern zu ihren Arbeitern nicht verglichen werden. Die absolute Solidarität der ersteren macht die Unternehmen prosperierend und schafft den Technikern die besten Lebensstellungen. Man sollte nicht alle die Dinge, die technischer, juristischer und volkswirtschaftlicher Natur sind, mit der sozialen Farbe anstreichen. Dieses Bestreben in Deutschland ist gefährlich für unsere Industrie. Der Bund technisch-industrieller Beamter hat leider diese ganze Frage als eine soziale stigmatisiert. Wir kommen dazu, wie es auf anderen Gebieten bekannt ist, daß man die Dinge, die wachsen und werden sollen, gesetzlich regeln will. Jede solche gesetzliche Regelung ist eine Beschränkung. [So Dr. Wendlandt].

Es wurde gesagt, daß im Gegensatz zu amerikanischen Verhältnissen in Deutschland nicht viel Erfindungen gemacht werden. Wenn man die Statistik ansieht, so scheint das auf den ersten Blick zutreffend. Es sind nämlich z. B. 1906 in Amerika 56000 Patentanmeldungen und in Deutschland nur 34000 Patentanmeldungen eingereicht worden. Es werden aber dabei die Gebrauchsmusteranmeldungen, die bei uns erheblich sind[1]) und in Amerika keine Rolle spielen, übersehen. Sie betrugen 1906: 35000. Es sind also im ganzen bei uns im genannten Jahre 69000 Erfindungen dem Patentamt als Erfindungen zugegangen, gegenüber 56000 in Amerika. Diese Zahl von 69000 hat sich bei uns im Jahre 1908 auf 85000 erhöht, während die Zahl der in Amerika erteilten Patente nicht gestiegen ist. Man kann also nicht behaupten, daß mit Rücksicht auf unsere Patentverhältnisse die Zahl der Erfindungen in Deutschland den amerikanischen gegenüber schwach sei oder gar zurückgehe. [So Direktor Wenzel-Berlin].

Im Kaufmannsstande hatten wir — namentlich vor etwa 50 Jahren — in ziemlich weitem Umfange unter dem Einflusse des französischen Rechtes den sogenannten commis interessé. Der Wunsch und das Streben sowohl der Angestellten, wie auch der Kaufleute, diese Einrichtung einzuführen bzw. beizubehalten, ist immer mehr zurückgegangen. Die heiklen Fragen der Büchervorlegung, Rechnungslegung u. dgl. schädigen den Kredit des Unternehmens und stellen dasselbe nach außenhin bloß. [So Degen].

Die Gegenleistung, die dem Erfinder von seiner Firma gewährt wird, ist sein dauerndes Gehalt. Wenn die Firma außerdem noch für jeden Fall eine Erfinderleistung zahlen soll, so ist das ebenso, wie wenn man eine Köchin mit einem monatlichen Gehalt anstellt und dann noch

---

[1]) Zumal in Bayern, speziell Nürnberg-Fürth.

jeden einzelnen Braten extra bezahlen muß. Das widerstrebt dem Gerechtigkeitsgefühl. Bei der obligatorischen Entschädigungspflicht würde mehr Krakehl, als Nutzen, herauskommen. [So Professor Dr. Budde-Berlin].

Die Bedenken gegen eine Beschränkung der Vertragsfreiheit in der Richtung, daß den Angestellten unter allen Umständen eine spezielle Entschädigung für die einzelnen von ihnen gemachten Erfindungen zugestanden werden muß, gründen sich aber nicht nur darauf, daß die Berechnung des Gewinnes sowie der Entschädigung in der Praxis zu schwierig ist und daß die Gerichte diese Berechnung nicht machen könnten. Es ist vielmehr gegen die betreffende Forderung auch zu sagen, daß sie vielfach unbillig ist. In vielen Fällen ist der Arbeitgeber, der eine bestimmte Aufgabe gestellt und den Angestellten so auf den Weg zu ihrer Lösung hingewiesen hat, als der eigentliche Erfinder anzusehen. Meist ist die Erfindertätigkeit nichts anderes, als die Tätigkeit, für die der Angestellte engagiert worden ist. Oft wird der Nutzen, den eine Erfindung bringt, lediglich bedingt durch die Maßnahmen und Einrichtungen des Etablissements. Schließlich sind auch die Konsequenzen der Rechtsstreite (detaillierte Rechnungslegung über intimste Kalkulationen, Gewinnberechnung, Rohmaterialien, Generalunkosten, Geschäftsgeheimnisse) bedenklich. [So R.-A. Krug].

Die große Blüte, in welcher sich die deutsche Industrie befindet, ist unter dem freien Spiel der Kräfte gekommen. Die Regierung und der Reichstag würden eine große Verantwortung auf sich nehmen, wenn sie das freie Spiel der Kräfte beschränken wollten. Es müßte, um eine derartige Beschränkung eintreten zu lassen, nachgewiesen werden, daß wirklich haarsträubende Übelstände allgemein bestehen, und daß diesen nur auf diese Weise abgeholfen werden könnte. Ein solcher Beweis ist nicht geliefert. Es ist nur einer sehr tätigen Agitation gelungen, einen gewissen Schein solcher Mißstände vorzubeugen. Ein Beweis ist absolut nicht erbracht. Es liegt also gar kein Grund vor, um zu einer so weit gehenden staatlichen Bevormundungsmaßregel überzugehen. Man käme damit auf eine schiefe Ebene. Warum sollte man die Einschränkung der Vertragsfreiheit bei Dienstverträgen gerade auf die Erfindungen beschränken? Mit derselben Motivierung könnte man dazu kommen, überhaupt zu erklären: Dienstverträge sind nicht bindend. Wenn der Mann mehr leistet — das braucht nicht notwendig eine Erfindung zu sein, das kann auch auf den verschiedensten Gebieten liegen —, als man vorausgesetzt hatte und voraussetzen konnte, so muß er frei sein, dafür eine besondere Vergütung zu beanspruchen. Es würde das zu einer Desorganisation unseres Geschäftslebens und unserer Rechtsverhältnisse führen, die höchst bedenklich ist. Prozesse, die mit Hilfe von Sachverständigen über verwickelte Fragen des gewerblichen Lebens zum Austrag gebracht werden müssen, bieten nach allgemein bekannten Erfahrungen große Schwierigkeiten. Man kann sich nicht denken, daß auf diesem Wege die etwaigen Differenzen zwischen Erfinder und Geschäftsherrn in befriedigender Weise zum Austrag gebracht werden könnten. (Diese bemerkenswerten Darlegungen verdanken wir Finanzrat Klüpfel von Krupp in Essen. Krupp gewährt — nebenbei bemerkt — für außerordentliche Leistungen besondere Entschädigungen und hat das in Regulativen und Verträgen zum Ausdruck gebracht. So hat Krupp einen tüchtigen Stab zur Verfügung. Unbilligkeiten in der Behandlung der Erfinder sind nicht bekannt geworden. Um so mehr leuchten die Betrachtungen von Klüpfel ein und hervor. Der Radikalismus, welcher eine vertragliche Gebundenheit und rücksichtslose Festlegung obligatorischer Vergütungspflicht mit sich brächte, muß schärfstem Protest begegnen).

Der Begriff „adequate extent" (angemessenes Entgelt) im englischen Gesetz bringt große Sorge mit sich und erschwert die dortigen Verhältnisse. Die nämliche Gefahr liegt vor, sobald in irgendeine gesetzliche Beschränkung der Vertragsfreiheit gewilligt und ein Begriff, wie z. B.: „angemessenes Entgelt" usw., in die gesetzlichen Bestimmungen mitaufgenommen wird. Die Prozesse zwischen Angestellten, welche ausgetreten sind, und Firmeninhabern rufen tiefgehende Verstimmung auch in den Kreisen der nur mittelbar Beteiligten und unter den Kollegen hervor. Nur bei unerschüttertem großen Vertrauen kann das Etablissement und der Angestellte gedeihen. In großen Fabriken besteht eine sogenannte Methodik für die Erfinder. Es sind gewissermaßen Erfinderschulen eingerichtet, in welcher die Herren herangezogen werden, Erfindungen im Interesse des Etablissements zu machen. Dazu kommt noch, daß diese Unternehmungen jahrzehntelange Erfahrungen haben, welche niedergelegt sind in den Archiven, in den Laboratoriumsjournalen, in seltenen Präparaten, und daß diese Hilfsmittel, gegründet auf das Vertrauensverhältnis, ohne weiteres den Angestellten bei ihren Arbeiten zur Verfügung gestellt werden. Sollte ein Mißtrauen in diese Verhältnisse hineingetragen werden, so ist es sicher, daß der Firmeninhaber die Hilfsmittel nicht ohne weiteres mehr zur Verfügung stellen würde. Wir sollten uns davor hüten, Mißtrauen zu säen. Gerade ein Freund von fortschrittlichen Bewegungen muß dem Antrag, eine gesetzliche Beschränkung der Vertragsfreiheit herbeizuführen, entgegentreten, weil darin nur ein positiver Rückschritt erblickt werden kann. [So Duisberg und insbesondere Rechtsanwalt Lichtenberger-Ludwigshafen].

Wenn Eifersucht in die Angestellten hineingetragen wird, dann entsteht an Stelle einer Zusammenarbeit ein Gegeneinanderarbeiten und eine zentrifugale Wirkung, die kein Unternehmen der Welt vertragen kann. Ein Krieg unter den Angestellten selber. Das gilt auch für die Angestellten in den Staatsbetrieben. In der amerikanischen Industrie gibt es dieses Zusammenarbeiten, wie bei uns, nicht. (So Isay, dessen Antrag lautete: „Der Kongreß für gewerblichen Rechtsschutz spricht aus, daß er es für unausführbar und überaus nachteilig für die deutsche Industrie, und zwar sowohl für die Unternehmen wie für die Angestellten selbst hält, einen Rechtssatz des Inhalts aufzustellen, wonach jedem Angestellten, der eine Erfindung macht, schematisch ein Recht auf die Gewinnbeteiligung zusteht.") —

Die Anträge der Angestellten, deren grundsätzliche Schwächen in den soeben wiedergegebenen Ausführungen der Stettiner Kongreßredner besonders treffend hervorgehoben sind, wurden u. a. von Diplomingenieur Stiel verfochten. Er entwickelte die Anschauung, daß die nationale Industrie am besten fahre, wenn dem Angestellten nicht nur ein wirkliches Erfinderrecht, sondern auch ein unverzichtbarer Anteil an den finanziellen Erfolgen der Erfindung, gewährt werde. Es sei ein hervorragender Anreiz, Erfindungen zu machen, wenn im wirtschaftlichen Leben die finanzielle Extrabelohnung mitspreche. Man behandle im Moment die Reform des Patentgesetzes zu Erfindungen. Daraus herleiten zu wollen, daß man dem Ersprießliches leistenden Kaufmann und Organisator keine Extraentschädigung gewähre, oder aus der Nichtgewährung einer Extraentschädigung an jene anderen verdienten Elemente anderer Stände ableiten zu wollen, daß man auch den Erfindern nichts geben müsse, sei nicht logisch. Nicht die konstruktive Tätigkeit führe zur Gehaltsaufbesserung, sondern die organisatorische Befähigung bewirke das Vorrücken des Angestellten im industriellen Betriebe. Es sei also eine ganz andere Mühewaltung, welche durch das Avancieren und besseres Salär belohnt werde. Ein Österreicher (Advokat Dr. Abel-Wien) habe auf dem Kongreß dargelegt, in Österreich seien schlechte Erfahrungen mit dem österreichischen neuen Gesetz, dem Vorbild der deutschen Angestellten, nicht gemacht worden. In manchen Firmen sei das System der Angestelltenbeteiligung mit Erfolg durchgeführt worden, z. B. früher bei der Firma Schuckert in Nürnberg vor der Fusion. Erst wenn dem Angestellten ein angemessener Nutzen gewährleistet werde, könne eine Unmasse von Patenten wirklich ausgebeutet werden. So gewinne auch die von den Angestellten gewünschte finanzielle Neuerung eine volkswirtschaftliche Bedeutung. Das Tempo des Fortschrittes müsse erheblich beeinflußt werden, wenn die Angestellten am Gewinne der Patente beteiligt seien.

Arved Jürgensohn, Mitglied der vorberatenden Patentkommission, Friedenau bei Berlin,[1]) erklärte: invenire necesse est, vivere non minus est necesse. Der bisherige Zustand war eine ungeheuere Privilegierung einer einzigen Partei durch die Rechtsprechung des Reichsgerichts und gab dieser das Recht zu einem Geisteskommunismus an den Schätzen der von ihnen Abhängigen. Techniker, welche ein paar Mal gute lohnende Erfindungen, die sie gemacht hatten, ihren sie anstellenden Firmen zur Verfügung gestellt hatten, aber dafür nichts bekamen, denken nun nicht mehr daran, die sehr guten, vielleicht noch besseren Ideen, die sie haben, ebenfalls diesen Firmen vorzulegen. Der Durchschnittsmensch ist eben immer mehr oder weniger egoistisch. Wir

---

[1]) Dessen (von seinem Parteistandpunkt aus vorzüglicher, warm empfundener) Aufsatz: Patentgesetzgebung und Erfinderschicksale, Gewerbl. Rechtsschutz, November 1904 Nr. 11 S. 309 ff. berechtigtes Aufsehen erregt hatte, als er das Faustwort auf die Erfinder anwendete:

„Daß immerfort die Menschen sich gequält,
Und hie und da ein Glücklicher gewesen.“

dürfen nicht damit rechnen, daß wir nur auf außergewöhnliche Menschen stoßen, die freiwillig schon das Rechte tun. Der jetzige rein absolutistische Zustand, der einseitige Kommunismus, den das Reichsgericht der Unternehmerpartei zusprach, muß einem wohlabgewogenen Konstitutionalismus beider Parteien weichen. Angestellte und Arbeitgeber müssen zum Leitstern wählen jenen Satz aus der Bergpredigt, der da heißt: „Was ihr wollet, das Euch die Leute tun sollen, das tut ihr ihnen." Nur so kann bedenklichen sozialen Machtkämpfen, die sich später entwickeln könnten, vorgebeugt werden.

Soweit die gutgemeinte, begeistert vertretene Stellungnahme von Jürgensohn, welcher seit Jahren für die angestellten Erfinder eine Lanze einlegte. Auch Patentanwalt Wangemann plädierte für das Mitbenutzungsrecht des Erfinders, Exzellenz Hamm für ein Lizenzverhältnis zwischen Dienstnehmer und Dienstherrn. Patentanwalt Rauter wies auf die Berechtigung der Leitsätze des Deutschen Technikerverbandes hin und erklärte, letzterer habe den „angemessenen" Anteil an der Erfindung durchaus nicht in dem Sinne gemeint, daß der Erfinder berechtigt sein solle, von der ihn anstellenden Firma Rechnungslegung über den finanziellen Ertrag zu verlangen. Der Erfinder solle lediglich so gestellt sein, wie es seiner Arbeitsleistung entspreche.

Sohlich-Berlin fand als Sekretär des Bundes der technisch-industriellen Beamten sehr tatkräftige Worte zugunsten der Reform. Der spezielle Fall greife tief in die Verhältnisse der Industrie ein. De facto sei die sog. Vertragsfreiheit eine Fiktion. Sei dem aber so, dann werde man überlegen müssen, ob es angebracht sei, diese Fiktion weiter bestehen zu lassen. Es liege nicht im öffentlichen Interesse, wenn man die Fiktion aufrecht erhalte, weil ein krasser Widerspruch zwischen Sein und Schein bestehe. Redner habe in seinem Bunde eine Zeitlang die Abteilung für Rechtssachen verwaltet. Es sei keine Woche vergangen, wo nicht Anfragen vorgekommen seien: „Wie entziehe ich der Firma die Möglichkeit, auf das und das, was ich erfunden habe? Wie bekomme ich die Möglichkeit, das der Firma zu entziehen?" Da eine Organisation, wie der Bund der technisch-industriellen Beamten in Berlin, den Standpunkt vertrete, daß der Arbeitgeber dem Arbeitnehmer Treu und Glauben schuldig sei, so müsse sie dem Arbeitnehmer gegenüber dasselbe verlangen; das sei in jedem einzelnen Falle dem Anfragenden bedeutet worden. Aber die Anfragen beleuchteten den gegenwärtigen Zustand, wie er sich vom Standpunkt des Angestellten aus ausnehme. Die Stimmung in den Angestelltenkreisen sei dadurch verständlich gemacht und die Anschauung von Isay, eine grundsätzliche Änderung des Zustandes sei nicht notwendig, schon deshalb verfehlt. Im Jahre 1907 habe der Bund der technisch-industriellen Beamten über die Verhältnisse der technischen Privatangestellten des Maschinenbaues und der Elektrotechnik in Groß-Berlin eine Enquete veranstaltet. Dabei seien namentlich bezüglich der Erfindungen Feststellungen gemacht worden, die ein bedenkliches Licht auf Leistung und Gegenleistung in der Industrie werfen. Nach den Grundsätzen der Statistik könnten die Mittelwerte, welche sich bei dieser Enquete ergeben haben, als völlig einwandfrei hingestellt werden. Denn sie seien auf Grund der Auskünfte von über 40 % der Befragten ermittelt. Bei annähernd 50 % aller Befragten, bei 1601 Beamten, seien Verträge mit Bestimmungen über das Eigentums- und Nutzungsrecht von Erfindungen vorhanden gewesen. In diesen sämtlichen Verträgen sei das Recht im vollem Umfange bei 1344 Beamten an die Firma übergegangen. Das seien fast 84 %. Teilweise sei das Recht an die Firma übergegangen bei 257. Das seien etwas über 16 %. Von diesen 1601 Beamten sei nur 311 — 19 1/2 % — eine Entschädigung zugesichert. 961 Beamten — über 60 % — sei keine Entschädigung gewährt. 329 — über 20 % — hätten keine Auskunft darüber gegeben.

Diese Zahlen erschienen in einem sonderbaren Licht, wenn man aus der zugehörigen Tabelle — das Werk von Dr. Jaeckel sei mit einer Anzahl sehr instruktiver Tabellen ausgestattet — erfahre, daß von diesen Angestellten, welche verpflichtet gewesen seien, ihre etwaigen Erfindungen ohne jede Entschädigung herzugeben, 6 unter 900 Mk. jährlich verdienten, 73 900—1200 Mk., 133 1200—1500 Mk., 151 1500—1800 Mk., 194 1800—2100 Mk. jährliches Einkommen gehabt hätten. Nicht etwa für alle Zweige der Industrie träfen diese Zahlen und Verhältnisse für die Erfindungen zu. Aber in vieler Beziehung treffe das, was über die Verhältnisse der technischen Privatangestellten des Maschinenbaues und der Elektrotechnik von Groß-Berlin festgestellt worden sei, auf die gleichen Zweige der Industrie im Deutschen Reich zu. Vor 50, ja noch vor 30 Jahren habe ein engerer Konnex zwischen Arbeitgeber und -nehmer bestanden. Nach der Berufszählung habe seitdem rapid die Tendenz zum Großbetrieb sich geltend gemacht. Das patriarchalische Verhältnis sei in den Hintergrund gedrängt. Heute komme ein Angestellter leichter nicht zu seinem Rechte, weil die persönliche Fühlungnahme fehle. So müsse das Persönlichkeitsrecht des Angestellten hinsichtlich der Erfindungen gesetzlich festgelegt werden. Jedes auf Erwerb gerichtete Unternehmen wolle seine Rentabilität erhöhen. Keine Betriebsleitung bringe es über sich, eine Erfindung nicht zu verwerten, wenn und weil etwa die Angestellten irgendwelche Ansprüche im Sinne der von diesen geplanten Neuerung geltend zu machen hätten. Schlechtere Instinkte des Menschen werden nicht in geringerem, aber auch nicht in höherem Maße, als heutzutage, für den Fall der Neuregelung vorhanden sein. Wenn man die menschliche Psyche unter diesem Gesichtspunkte betrachte, dann werde man eher zu dem Ergebnis kommen, daß, wenn der Gewinn winke, der Anreiz stärker sein werde, als heute. Im Interesse der Volkswirtschaft sei es, daß alle ihre produktiven Kräfte so angespannt würden, daß sie auch fernerhin den Standpunkt, welchen sie auf dem Weltmarkt errungen hätten, aufrecht erhalten könnten und daß sie weiteres Terrain zu erobern vermöchten. Also das eine, was die Angestellten fordern müßten, das sei die Durchbrechung der Vertragsfreiheit. Das andere sei die Feststellung der Entschädigungspflicht. Diese Frage sei bei den Vorschlägen der Patentkommission nicht vollständig zu ihrem Rechte gekommen. Die Abgabepflicht des Arbeitgebers beginne freilich erst in dem Moment, wo das Fabrikat auf den Markt gebracht sei. Bei der Bemessung der Entschädigung gingen selbstverständlich die Herstellungskosten, Patenterteilungsauslagen, Reklamespesen, ab. Unter Umständen könne dann der Nutzen nicht erheblich sein. Aber der Angestellte habe dann wenigstens das Bewußtsein, daß er in den Grenzen des Möglichen entschädigt worden sei. Dieses Bewußtsein erscheine wertvoller, als die Summe der Entschädigung an und für sich.

Bei dieser Gelegenheit sprach Sohlich, Sekretär des Bundes der technisch-industriellen Beamten, Berlin folgenden Gedanken aus, den ich nicht unter den Tisch fallen lassen möchte, um zu kennzeichnen, wie man in einzelnen Kreisen des Bundes über das deutsche Rechtsleben denkt: „Man hat dem Richter erst auf Umwegen den sozialen Geist klar machen müssen, indem man die Gewerbe- und die Kaufmannsgerichte ins Leben gerufen hat. Die Gewerbe- und Kaufmannsgerichte haben für die Fortbildung des gewerblichen Arbeits- und Dienstvertrages in der kurzen Zeit ihres Bestehens viel mehr getan, als die ganze deutsche Jurisprudenz und Judikatur im ganzen 19. Jahrhundert.“ [1])

Ich komme auf diese sehr bezeichnende Kritik aus dem Munde des Bundessekretärs noch zurück. Vorläufig möchte ich an das erinnern, was ich einigemale [2]) über die Tendenz der Gewerbe- und Kaufmannsgerichte ausgeführt habe. Ich möchte fast sagen: der Sekretär des Bundes hat durch diesen Seitensprung die Gedankenwelt mancher (durchaus nicht aller) seiner Klienten enthüllt, während seine übrigen und hauptsächlichen Ausführungen durchaus maßvoll, würdig und diskutierbar ausgefallen sind. Man sieht eben leider aus dem verunglückten Angriff gegen die Berufs-Jurisprudenz, daß legislative und richterliche Arbeit bloß dann Gnade findet vor der Kritik eines Teiles der Mandanten des Redners, wenn Gesetz und Rechtsprechung eine deutliche Verbeugung nach unten machen. Solche Kritik und Einschätzung der fundamentalen Garantien unseres ganzen Rechtslebens müßte nach meinem Dafürhalten die maßgebenden Kreise der Zentralbehörden und Volksvertretung sehr stutzig machen. Caveant consules!

Mein Bericht über die Kongreßdebatte mag mit dem Erguß des Repräsentanten des Bundes der technisch-industriellen Beamten (über Gesetz und Recht, unter dem Gesichtswinkel desselben) ausklingen! N i c h t s s t e m p e l t z u t r e f f e n d e r d i e E i g e n a r t e i n e s d e r B e r u f s j u r i s p r u d e n z g e r a d e z u f e i n d s e l i g e n , z u d e m i m P u n k t e d e r a r t i g e r S t a n d e s g e g e n s ä t z e g a n z i n t r a n s i g e n t e n , N a c h w u c h s e s. Nichts vermag besser zur Vorsicht de lege ferenda zu mahnen. Nichts führt daher logischer zu den Ideen und der Würdigung des vorläufigen Regierungsentwurfs hinüber.

---

[1]) Weit bescheidener auf dem Verbandstag deutscher Gewerbe- und Kaufmannsgerichte (Leipzig, 20. Sept. 1913) P u s c h - Gladbeck u. Rechtsrat W a g n e r - Nürnberg.

[2]) Ceterum censeo: Laien- und Sondergerichte, (Deutsche Richterzeitung); Reformpläne des Technikers (Deutsche Ingenieurzeitung, Augsburger Techn. Zeitung und Zeitung des Fränkisch-Oberpfälzischen Bezirksvereins Deutscher Ingenieure).

Und nun noch die Beschlüsse des Stettiner Kongresses hinsichtlich der Positionen II—IV:

II.

Das Recht an der Erfindung einschließlich des Anspruchs auf das Patent ist grundsätzlich übertragbar. Eine gesetzliche Beschränkung der Vertragsfreiheit ist nicht zu empfehlen.

III.

1. Ist eine Erfindung nicht von dem Erfinder oder dessen Rechtsnachfolger angemeldet, so steht demjenigen, dessen mündlichen oder schriftlichen Beschreibungen, Zeichnungen, Modellen, Gerätschaften, Einrichtungen oder Verfahren der Inhalt der Anmeldung ohne seine Genehmigung entnommen worden ist, neben dem Einspruch das Recht auf Übertragung des Anspruchs auf das Patent oder auf Übertragung des Patents zu.

2. Die Klage verjährt in 3 Jahren nach Bekanntmachung der Anmeldung gemäß § 23 PG.

3. Für die Klagen auf Übertragung sind die ordentlichen Gerichte zuständig.

4. Zieht der Anmelder im Falle der Klage die Anmeldung zurück, so kann der Erfinder die Anmeldung mit ihrer Priorität innerhalb einer Frist von drei Monaten, nachdem ihm die Zurücknahme bekannt geworden ist, aufnehmen.

IV.

A. Der Kongreß spricht aus:
daß er es für undurchführbar und überaus nachteilig für die deutsche Industrie und zwar sowohl für die Unternehmen wie für die Angestellten selbst hält, einen Rechtssatz des Inhalts aufzustellen, wonach jedem Angestellten, der eine Erfindung macht, schematisch ein Recht auf „Gewinnbeteiligung“ daran zustehe.

B. Mangels einer ausdrücklichen Vereinbarung soll das Recht an der Erfindung stillschweigend auf einen anderen übergehen, insoweit als der Erfinder kraft seines Dienst- oder sonstigen Vertragsverhältnisses dem anderen zu einer Beschäftigung verpflichtet ist, in deren Bereich Gegenstand oder Verfahren von der Art des Erfundenen fallen. (Diese Bestimmung gilt mit folgender Maßgabe):

Gehört die im Dienstverhältnis gemachte Erfindung nicht zum Bereich des Unternehmers, ist sie aber geeignet, in seinem Betriebe verwendet zu werden, so kann der Unternehmer eine freie Lizenz beanspruchen; wünscht er eine weitergehende Ausnutzung, so hat er den Angestellten angemessen zu entschädigen. —

IV. Die §§ 3—10 einschließlich des vorläufigen Entwurfes eines Patentgesetzes lauten, wie folgt:

§ 3.

Auf die Erteilung des Patents hat der Erfinder Anspruch. Unter mehreren Erfindern steht der Anspruch demjenigen zu, der die Erfindung zuerst bei dem Patentamt angemeldet hat. Ist die Erfindung in einem Betriebe gemacht und auf bestimmte Personen als Erfinder nicht zurückzuführen, so ist derjenige als Erfinder anzusehen, für dessen Rechnung der Betrieb verwaltet wird.

In dem Verfahren vor dem Patentamt gilt der Anmelder als Erfinder.

Der Anmelder hat keinen Anspruch auf ein Patent, wenn die Erfindung Gegenstand des auf eine frühere Anmeldung erteilten Patents ist; trifft diese Voraussetzung teilweise zu, so hat der Anmelder Anspruch auf ein Patent in entsprechender Beschränkung.

§ 4.

Der Erfinder kann von demjenigen, welcher, ohne Erfinder zu sein, die Erfindung angemeldet hat, verlangen, daß er die Anmeldung ihm überträgt oder sie zurücknimmt. Er kann, wenn die Anmeldung zum Patent geführt hat, von dem Patentinhaber verlangen, daß er ihm das Patent überträgt oder dem Patentamt gegenüber auf das Patent verzichtet. Der Anspruch ist ausgeschlossen, wenn er nicht vor Ablauf eines Jahres nach der Bekanntmachung des Patents (§ 37) durch Klage geltend gemacht ist.

Unter mehreren Erfindern steht der Anspruch auf Übertragung demjenigen zu, der zuerst zur Kenntnis des Patentamts bringt, daß er Klage erhoben hat.

§ 5.

Der Anmeldung des Erfinders steht die Anmeldung eines anderen, der nicht Erfinder ist, nicht entgegen, wenn der Erfinder vor Ablauf eines Jahres nach der Bekanntmachung des Patents (§ 37) die Anmeldung bewirkt hat. Auch wird in diesem Falle die Neuheit der Erfindung nicht dadurch berührt, daß sie nach der früheren Anmeldung in öffentlichen Druckschriften beschrieben oder im Inland offenkundig benutzt ist.

§ 6.

Der Erfinder hat Anspruch darauf, daß er bei Erteilung des Patents und in den Veröffentlichungen des Patentamts als Erfinder genannt wird. Die Zustimmung dessen, dem das Recht aus der Anmeldung oder aus dem Patente zusteht, ist erforderlich. Die Zustimmung ist dem Patentamt gegenüber zu erklären; sie ist unwiderruflich.

Der Erfinder, dessen Erfindung ein anderer, der nicht Erfinder ist, angemeldet hat, kann von demjenigen, dem das Recht aus der Anmeldung oder aus dem Patente zusteht, verlangen, daß er die Zustimmung erteilt. Der Anspruch ist ausgeschlossen, wenn er nicht vor Ablauf eines Jahres nach der Bekanntmachung des Patents (§ 37) durch Klage geltend gemacht ist.

§ 7.

Das Patent hat die Wirkung, daß der Patentinhaber ausschließlich befugt ist, gewerbsmäßig den Gegenstand der Erfindung herzustellen, in Verkehr zu bringen, feilzuhalten oder zu gebrauchen. Ist das Patent für ein Verfahren erteilt, so erstreckt sich die Wirkung auch auf die durch das Verfahren unmittelbar hergestellten Erzeugnisse.

§ 8.

Die Wirkung des Patents tritt gegen denjenigen nicht ein, welcher zur Zeit der Anmeldung bereits im Inland die Erfindung benutzt oder die zur Benutzung erforderlichen Veranstaltungen getroffen hatte (Vorbenutzer). Der Vorbenutzer ist befugt, die Erfindung für die Bedürfnisse seines eigenen Betriebs in eigenen oder fremden Werkstätten auszunutzen. Diese Befugnis kann nur zusammen mit dem Betrieb übertragen werden oder auf die Erben übergehen.

Die Wirkung des Patents tritt ferner insoweit nicht ein, als die Erfindung nach Bestimmung des Reichskanzlers für das Heer oder für die Flotte oder sonst im Interesse der öffentlichen Wohlfahrt benutzt werden soll. Doch hat der Patentinhaber in diesem Falle gegenüber dem Reiche oder dem Bundesstaate, welcher in seinem besonderen Interesse die Beschränkung des Patents beantragt hat, Anspruch auf angemessene Vergütung, welche mangels einer Verständigung im Rechtswege festgesetzt wird.

Auf Einrichtungen an Fahrzeugen, die nur vorübergehend in das Inland gelangen, erstreckt sich die Wirkung des Patents nicht.

§ 9.

Das Recht aus der Anmeldung und das Recht aus dem Patente sind übertragbar und gehen auf die Erben über. Dasselbe gilt von den Ansprüchen des Erfinders; unübertragbar und unvererblich sind die im § 6 bezeichneten Ansprüche.

§ 10.

Die Ansprüche des Erfinders, der in einem gewerblichen Unternehmen angestellt ist, gehen, soweit nichts anderes vereinbart ist, auf den Unternehmer über, wenn die Erfindung ihrer Art nach im Bereiche der Aufgaben des Unternehmens liegt, und die Tätigkeit, die zu der Erfindung geführt hat, zu den Obliegenheiten des Angestellten gehört; ausgenommen sind die im § 6 bezeichneten Ansprüche.

Der Angestellte kann, wenn das Patent erteilt ist, von dem Unternehmer eine Vergütung verlangen. Ist über Art und Höhe der Vergütung weder durch die Bemessung des Gehalts oder Lohnes noch sonst eine Vereinbarung getroffen, so bestimmt darüber der Unternehmer nach billigem Ermessen. Die Bestimmung erfolgt durch Erklärung gegenüber dem Angestellten; die Vorschriften des § 315 Abs. 3 des Bürgerlichen Gesetzbuchs finden Anwendung.

Ist vereinbart, daß dem Angestellten keinerlei Vergütung für künftige Erfindungen zustehen soll, die auf den Unternehmer übergehen, so kann sich der Unternehmer hierauf nicht berufen.

Die Betriebe, Anstalten, Anlagen und dergleichen, welche unter der Verwaltung des Reichs, eines Bundesstaats, einer Gemeinde oder eines Gemeindeverbandes stehen, sind als gewerbliche Unternehmen im Sinne des Abs. 1 nicht anzusehen.

V. Hiezu gibt der Entwurf folgende Erläuterungen und zwar zu seinen uns hier allein interessierenden Teilen:

§§ 3 bis 6, 9.

1. Den Anspruch auf das Patent gibt das geltende Gesetz nicht dem Urheber der Erfindung, sondern demjenigen, der die Erfindung zuerst bei dem Patentamt anmeldet. Der Grundsatz beruht auf dem Wunsche, den Erfinder zur möglichst baldigen Anmeldung zu veranlassen und zum Nutzen der Allgemeinheit der Geheimhaltung der Erfindung entgegenzuwirken. Auch hat man die Erscheinung erwogen, daß Erfindungen, anders als literarische, künstlerische und Musterschöpfungen, nicht selten von verschiedenen Personen unabhängig voneinander gemacht werden, daß ferner das Verdienst und der Besitz der Erfindung oft bei demjenigen ruhe, welcher den allgemeinen Grundgedanken und die Mittel zu seiner

Durchführung hergegeben hat, und daß der Ursprung der auf geistigen Kombinationen mehrerer Personen beruhenden Erfindung kaum jemals auf eine bestimmte Person zurückgeführt werden könne. Indem man daher auf den Nachweis der geistigen Urheberschaft verzichtete, sollte dem Mißbrauch der Anmeldung durch die Vorschriften über das Einspruchsrecht im Falle widerrechtlicher Entnahme vorgebeugt werden.

Es muß bezweifelt werden, daß diese Erwägungen ausreichen, um die im Gegensatze zu den Anschauungen des damaligen Patentschutzvereins getroffene Regelung zu rechtfertigen. Der Umstand, daß das bisherige Gesetz den Erfinder als solchen überhaupt unerwähnt läßt, steht in einem gewissen Widerspruch mit der Tatsache, daß aller Fortschritt in der Kultur doch schließlich auf der Erkenntnis, dem Willen, der Tat einzelner beruht. Auch die technischen Erfindungen verdanken ihre Entstehung dem persönlichen Wirken des menschlichen Geistes, und wer die entscheidende Gedankenverbindung in seiner Phantasie vollzieht, macht mit Fug das Recht geltend, über seine Erfindung zu verfügen und durch ihre Kundgabe den Patentschutz zu erlangen. Die Tatsache der geistigen Urheberschaft an der Erfindung sollte an sich genügen, um das Recht auf das Patent zu begründen. Die Erfahrung lehrt allerdings, daß diese persönliche Urheberschaft verschieden ist von derjenigen, welche auf künstlerischem Gebiet und bei literarischen Werken auftritt. Hier ist die einzelne Schöpfung so, wie sie der Urheber hervorgebracht hat, einzigartig. Bei der Erfindung ist das nicht notwendig der Fall. Der Erfinder steht auf den Schultern seiner Vorgänger, der Niederschlag aller früheren technischen Errungenschaften wirkt auf andere Zeitgenossen so gut ein, wie auf ihn; die auf den bisher gewonnenen Ergebnissen beruhenden Erfahrungen, Bedürfnisse und Aufgaben haben ein Eigengewicht und drängen aus sich selbst heraus oft zu neuer Erkenntnis, so daß unter Umständen die nämliche Erfindung an verschiedenen Stellen auftaucht. Man sagt dann wohl, die Erfindung lag in der Luft. Aber dennoch mußte sie durch den Geist des Menschen erfaßt, individuell geformt, festgehalten werden, um Wirklichkeit zu werden, und diese Tat des einzelnen Menschen hat deshalb nicht weniger Anspruch auf rechtliche Anerkennung, weil die Natur die gleiche Empfänglichkeit noch einem anderen verliehen und in seinem Gehirn das gleiche Spiel schöpferischer Phantasie wiederholt hat. Für das Recht erwächst daraus nur die Notwendigkeit, einen Ausgleich zwischen den Ansprüchen der beiden Erfinder zu schaffen. Jedenfalls ist es gewagt, wegen dieser immerhin nicht den Regelfall bildenden Erscheinung dem natürlichen Anspruch des Erfinders auf Anerkennung seiner Urheberschaft die gesetzliche Anerkennung zu versagen. Wo es vorkommt, daß mehrere zusammen zu dem schließlichen Ergebnis der Erfindung beigetragen haben, sind sie gemeinsam die Urheber, und die Schwierigkeiten der Feststellung der Erfinderschaft, wenn sich mehrere darum streiten, sind nicht zu leugnen. Aber ein durchgreifender Einwand gegen das Prinzip, daß das Patent demjenigen gebührt, der die Erfindung hervorgebracht hat, läßt sich daraus nicht herleiten. Es handelt sich dann nur um die Frage der praktischen Ausgestaltung; nur wenn solche unmöglich wäre, müßte das theoretisch als richtig erkannte Prinzip vom Gesetzgeber beiseite geschoben werden.

Hierzu wird man sich aber um so schwerer entschließen können, als in manchen anderen Beziehungen das Recht des Erfinders an seiner Erfindung bereits in Wissenschaft und Praxis anerkannt wird. Diese Entwicklung hatte freilich im

Jahre 1877 noch nicht begonnen und konnte damals das Gesetz nicht beeinflussen. Nachdem sie sich aber sogar trotz des zurückhaltenden Standpunkts des Patentgesetzes vollzogen und durchgesetzt hat, wäre es eine Verkennung des deutschen Rechtsempfindens und ein verfehlter Widerstand gegen den tatsächlichen Lauf der Dinge, wenn die Gelegenheit zur Abänderung des Patentgesetzes nicht ergriffen würde. Schon aus § 3 Abs. 2 des geltenden Gesetzes ergibt sich, daß das Recht des ersten Anmelders auf das Patent kein ausschließliches ist. Muß jeder, dessen Anmeldung auf Entnahme aus fremdem Erfindungsbesitz beruht, dem Erfindungsbesitzer weichen, so ist diesem Schicksal allein der Erfinder selbst nicht ausgesetzt; denn er ist der einzige, der eben durch Hervorbringung der Erfindung ihr Besitzer geworden ist und dies Verhältnis auf seinen Rechtsnachfolger übertragen kann. Er allein hat also eigentlich ein jeden anderen ausschließendes Recht auf das Patent. Der Wortlaut der §§ 3 und 10, die nur die „Entnahme" aus Zeichnungen usw. als das Hindernis für Entstehung eines gültigen Patents bezeichnen, hat denn auch die Rechtsprechung nicht abgehalten, diese Vorschriften anzuwenden, um überall da, wo eine Anmeldung unter Verletzung des Rechts des Erfinders gemacht ist, das Patent dem Anmelder vorzuenthalten und dem Erfinder zuzuwenden. Zur Geltendmachung seines Rechtes ist aber der Erfinder nicht einmal auf die Mittel des Patentgesetzes beschränkt, er kann auch durch Klage aus §§ 823, 826, 812, 819 des Bürgerlichen Gesetzbuchs zu seinem Rechte gelangen. Das Reichsgericht hat anerkannt, daß unabhängig vom Patent und Anmeldung ein Erfinderrecht besteht und gegen Beeinträchtigung geschützt ist.

Daß, wenn fortan nicht mehr der erste Anmelder grundsätzlich patentberechtigt ist, damit der Anreiz für die Erfinder zur baldigen Offenbarung der Erfindungen schwinde, ist nicht zu besorgen. Das Fabrikgeheimnis hat auch unter der Herrschaft des jetzigen Gesetzes nicht aufgehört zu bestehen, es erscheint aber oft als unwirtschaftlich und würde, von besonderen Fällen abgesehen, den Gewerbetreibenden in Rückstand gegen seine Wettbewerber bringen. Überdies muß er immer befürchten, daß ein anderer die gleiche Erfindung macht und zum Patent anmeldet, und wenn vorgesehen wird, daß unter mehreren Erfindern nicht die Priorität der Erfindung, sondern die Priorität der Anmeldung entscheidet, so besteht ein starkes Interesse für den Erfinder, die Anmeldung nicht zu unterlassen. In dieser Richtung müssen auch die Beziehungen zum Ausland, die Notwendigkeit des Patentschutzes für den Export und der Andrang der Ausländer zum deutschen Patentschutz ihren Einfluß ausüben. Erfahrungsgemäß hat sich nicht ergeben, daß in den Ländern, die den Anspruch auf das Patent nicht dem Anmelder, sondern dem Erfinder verleihen, die Erwirkung von Patenten zurückgegangen wäre. Dagegen hat der bisher in Deutschland geltende Grundsatz im Ausland keine Beachtung und Nachfolge gefunden. Wenn sich die Motive von 1877 auf das Beispiel von Österreich, Frankreich, Italien und Belgien berufen konnten, so enthält jetzt das österreichische Gesetz vom 11. Januar 1897 die Vorschrift „Auf die Erteilung des Patents hat nur der Urheber einer Erfindung oder dessen Rechtsnachfolger Anspruch". Von dem gleichen Standpunkt gehen die seither in Rußland, Japan, Norwegen und in den Niederlanden erlassenen Patentgesetze aus. Die Vereinigten Staaten von Amerika sowie England, das Heimatland des Patentrechts, lassen bekanntlich seit jeher die Erteilung des Patents nur an den ersten und wahren Erfinder zu.

Es erscheint hiernach begreiflich und berechtigt, wenn das Verlangen bei uns weit verbreitet ist, Deutschland möge die Sonderstellung, die es in diesem Punkte inne hat, nicht länger beibehalten. Der Entwurf glaubt sich diesem Verlangen auch deshalb nicht entziehen zu sollen, weil der im § 3 Abs. 1 vorgeschlagene Grundsatz die geeignete und notwendige Unterlage bildet für das Recht der sogenannten Erfinderehre (§ 6) und für die Stellungnahme zu den von den technischen Angestellten vertretenen Forderungen in bezug auf die von ihnen im Dienste eines anderen gemachten Erfindungen (§ 10). Hier ist eine grundsätzliche Verständigung möglich, sobald der Erfinder als solcher, ohne Rücksicht darauf, ob er wirtschaftlich selbständig ist oder nicht, gesetzlich als derjenige anerkannt wird, der das ursprüngliche und ausschließliche Recht an der Erfindung hat. Man wird sogar das Recht an der Erfindung als die logische Voraussetzung für das Recht des Erfinders auf Kundgabe seines Namens im Patente bezeichnen müssen, während in dem jetzt geltenden Rechtssysteme das Ehrenrecht des Erfinders einen Fremdkörper bilden würde (vgl. die Bemerkungen zu § 10 unter Nr. 1).

2. Bei der Ausgestaltung des neuen Grundsatzes ergibt sich zunächst, daß das patentamtliche Verfahren nicht mit der Feststellung der Urheberschaft belastet werden darf. Dem Patentamt gegenüber muß derjenige, der die Erfindung anmeldet, als der Berechtigte angesehen werden. Ob er der wirklich Berechtigte ist, soll nur im Wege des Prozesses von den ordentlichen Gerichten geprüft und festgestellt werden. So wird das Patentamt auf die ihm allein zukommende Prüfung der Erfindung selbst, die Untersuchung der Patentfähigkeit und die Erteilung des Patents als solchen beschränkt. Wird die nämliche Erfindung ein zweites Mal angemeldet, so ist die Person des Anmelders ebenfalls für das Patentamt belanglos; der Anspruch des Zweitanmelders auf das Patent scheitert nur an der Tatsache der bereits geschehenen Patentierung. Das aus wirtschaftlichen und rechtlichen Gründen notwendige Verbot der Doppelpatentierung bleibt nach § 3 Abs. 3 des Entwurfs unberührt; es wird, wie bisher, vom Patentamt von Amts wegen beachtet und durchgeführt (vgl. unten Nr. 5). Dagegen soll das Patentamt befreit werden von der bisher in beschränktem Maße ihm zugewiesenen Aufgabe, das Recht des Anmelders zur Anmeldung zu prüfen; das Recht des durch widerrechtliche Entnahme Verletzten zum Einspruch (und folgeweise zur Klage auf Nichtigkeitserklärung) fällt weg. Es besteht kein Bedürfnis, diesen Sonderfall von der allgemeinen Regelung auszunehmen. Auch der Erfindungsbesitzer, dem die Erfindung entwendet ist, wird durch die nach wie vor ihm zustehende Klage genügend gesichert; regelmäßig ist er Rechtsnachfolger des Erfinders und als solcher berechtigt, dessen Rechte wahrzunehmen. Für das Patentamt hat die Entscheidung dieser Entnahmestreitigkeiten immer etwas Unbequemes gehabt, und im Sinne der Entlastung des Patentamts und der Beschränkung auf seine eigentliche Aufgabe ist die Beseitigung des § 3 Abs. 2 des alten Patentgesetzes nur erwünscht. Den ordentlichen Gerichten fällt hier, wie überhaupt auf diesem Gebiet, eine Aufgabe zu, zu deren Lösung sie, wie bei anderen Streitigkeiten um das geistige Urheberrecht, recht eigentlich berufen sind. Der Nachweis der Erfinderschaft begegnet allerdings nicht selten tatsächlichen Schwierigkeiten, ist aber nicht unerbringbar und wird schon jetzt häufig bei Gericht geführt. Wenn mehrere Personen durch einander ergänzende Arbeit den schließlichen Erfolg gezeitigt haben und jeder das Hauptverdienst für sich in Anspruch nimmt, so bildet

das nur in bezug auf die Tatfrage einen Sonderfall. Rechtlich eigenartig ist dagegen der Fall der sogenannten Etablissementserfindung.

Hierunter versteht man den Tatbestand, daß an dem Geschehnis der Erfindung innerhalb eines Betriebes mehrere Personen derart zusammenwirken, daß der Anteil der einzelnen nicht mehr abgeschätzt werden kann. Hier ist weder feststellbar, daß einer von ihnen im Werdegange der Erfindung den eigentlich entscheidenden Schritt freier Schöpfung getan hat, noch auch, daß mehrere oder welche mehreren gemeinsam als Miterfinder gehandelt haben. Solche Fälle sind namentlich in den modernen Großbetrieben häufig, in denen einerseits eine feingegliederte Arbeitsteilung durchgeführt ist, anderseits eine Art genossenschaftlicher Zusammengehörigkeit besteht, vermöge deren jeder einzelne sich mitverantwortlich für den Fortschritt des Ganzen fühlt und an den von der Leitung gesteckten Zielen mitbeteiligt ist. Es herrscht Einverständnis darüber, daß eine derartige Gesamterfindung dem Betrieb als solchen, also dem Betriebsherrn, gehören muß. Der Entwurf stellt die Rechtslage in diesem Sinne klar: § 3 Abs. 1 Satz 3. Dabei ist wesentlich, daß hier der Betriebsherr die Erfinderansprüche nicht etwa durch die Person eines anderen hindurch kraft gesetzlichen Rechtsübergangs erwirbt. Vielmehr genügt die Tatsache, daß die in dem Betriebe hervorgebrachte Erfindung nicht auf einen einzelnen oder auf eine Mehrzahl von bestimmten Personen als den oder die Erfinder zurückgeführt werden kann, damit derjenige, für dessen Rechnung der Betrieb geführt wird, unmittelbar den Anspruch auf Erteilung des Patents hat. Er hat von Rechts wegen als der ursprüngliche Erfinder zu gelten.

Der Anspruch des Erfinders auf das Patent wird verletzt, wenn ein anderer das Patent anmeldet und erwirkt. Hat aber der andere selbst die nämliche Erfindung hervorgebracht, so steht ihm das gleiche Recht wie jenem zu; ihm gegenüber versagt also der bezeichnete Anspruch. Man könnte diesen Konflikt so lösen, daß derjenige von beiden vorginge, der zuerst erfunden hat. Dies erscheint jedoch unzweckmäßig wegen der tatsächlichen Beweisschwierigkeiten und weil es unbillig wäre, den rührigen Erfinder, der die Erfindung durch Nachsuchen des Patents dem geistigen Besitze der Allgemeinheit zuzuführen sich bereit zeigt, hinter denjenigen zurückzusetzen, der dasselbe früher erfunden hat, aber der Mitwelt vorenthält. Nach dem Entwurfe soll daher unter mehreren Erfindern vorgehen, wer zuerst anmeldet. Abgesehen hiervon ist der Anspruch des Erfinders ein ausschließlicher, d. h. wer nicht Erfinder ist, gewinnt durch die Anmeldung des Patents kein Recht gegenüber dem Urheber der Erfindung. Leitet er den Besitz der Erfindung von dem letzteren selbst ab vermöge Vertrags oder Erbgangs, so versteht sich von selbst, daß die Natur und der Inhalt dieses Rechtsverhältnisses für die Beziehung zu dem Urheber maßgebend ist. Im übrigen muß der unberechtigte Anmelder und sein Rechtsnachfolger dem Erfinder weichen und gleichviel, wem er die Kenntnis der Erfindung verdankt, und ob er in gutem oder bösem Glauben ist, den Zustand wieder herstellen, der bestehen würde, wenn er nicht angemeldet hätte. Der Erfinder darf in der Freiheit der Entschließung, ob er die Erfindung unter Patentschutz stellen will oder nicht, durch das Handeln des Unberechtigten keine Einbuße erleiden. Es muß ihm jedoch unbenommen bleiben, die Rechtslage anzunehmen und selbst zu übernehmen, die objektiv durch das Patentgesuch des Unberechtigten herbeigeführt worden ist. Demgemäß steht es nach dem Entwurf in seiner Wahl, ob er den Nichterfinder zum Übertragen der Anmeldung oder des etwa schon erteilten Patents anhalten oder ob er das Rückgängigmachen der Wirkungen der Anmeldung, also Zurücknahme der Anmeldung oder Verzicht auf das Patent, fordern will. Wählt er das erstere, so muß er die noch schwebende Anmeldung in dem Zustand, wie sie ist, insbesondere mit der einmal begründeten Priorität, hinnehmen, dem Patentamt gegenüber tritt er einfach an die Stelle des Anmelders. Solange die Übertragung nicht vollzogen, gegebenenfalls durch gerichtliches Urteil ausgesprochen ist, wird das Patenterteilungsverfahren durch den Streit zwischen Erfinder und Anmelder nicht berührt. Der Anspruch des Erfinders richtet sich nicht gegen das Patentamt, und dieses kann z. B. nicht durch einstweilige Verfügung in der Fortführung seiner öffentlichrechtlichen Aufgabe, die angemeldete Erfindung zu prüfen und mit Patentschutz zu versehen, aufgehalten werden. Anderseits wird der Anmelder ebenso, wie wenn er vertraglich zur Abtretung verpflichtet ist oder als Entwender mit der Vergehensklage belangt wird, sich gefallen lassen müssen, daß ihm der Erfinder zur Sicherung seines vindikationsähnlichen Anspruchs vorläufige Beschränkungen in der Verfügung über die Anmeldung mit Hilfe des Gerichts auferlegt. Das rechtskräftige Urteil, durch das er zur Abgabe der im § 4 bezeichneten Willenserklärungen verurteilt wird, genügt in jedem Falle, um den Erfinder beim Patentamt zu legitimieren; es ersetzt nach der Zivilprozeßordnung die Erklärung des Verurteilten selbst. Um einen Widerstreit zwischen mehreren, die unabhängig voneinander die Erfindung gemacht haben, auch hier zu beseitigen, ist vorgesehen, daß derjenige vorgeht, der zuerst an die Patentbehörde herantritt; gibt er dieser kund, daß er den Erfinderanspruch geltend gemacht hat, so können ihm im Falle des Obsiegens gerichtliche Urteile zugunsten eines anderen Erfinders, der bei dem Patentamt erst später aufgetreten ist, nicht schaden; er schließt diesen anderen aus.

Die Sicherheit des Verkehrs, namentlich die Rücksicht auf den gutgläubigen Erfindungsbesitzer und das wirtschaftliche Bedürfnis nach Ruhe in einmal eingetretenen Rechtsverhältnissen, machen es nötig, die Geltendmachung des Anspruchs zeitlich zu beschränken. Schon das eigene Interesse wird den Erfinder regelmäßig zum ungesäumten Vorgehen veranlassen. Jedenfalls wendet sich das amtliche Aufgebot der Anmeldung und ebenso die Bekanntmachung des endlich erteilten Patents an alle, die es angeht, und es darf erwartet werden, daß auch der Erfinder sich um die Veröffentlichungen der Behörde kümmert. Er wird dadurch in den Stand gesetzt, von der unter Verletzung seines Rechts geschehenen Anmeldung oder Patenterwirkung zu erfahren, und darf die erforderlichen Gegenmaßregeln nicht verschleppen. Der Entwurf läßt demgemäß die gerichtliche Klage nach Ablauf eines Jahres von der Bekanntmachung des Patents an nicht mehr zu. An die gleiche Frist soll der Erfinder gebunden sein, um seiner eigenen Anmeldung, die er unabhängig von der des Nichtberechtigten bewirkt, den Vorrang vor der letzteren zu verschaffen. Zögert er sie länger als ein Jahr nach der Bekanntmachung des Patents hin, so kann er billigerweise nicht beanspruchen, daß die durch den anderen erworbene Priorität ihm zugute kommt. Sonst aber darf ihm die an sich ältere Anmeldung den Anspruch auf das Patent nicht nehmen, und in bezug auf die Neuheit darf seine Anmeldung nicht ungünstiger behandelt werden, als die des Unberechtigten; nur die vor der letzteren eingetretenen Tatsachen können im Sinne des § 2 die Neuheit der Erfindung beeinträchtigen. Dem Patentamt gegenüber kann der Erfinder sich auf diese Vergünstigung aber nur berufen, wenn er nachweist, daß das Gericht die Urheberschaft ihm rechtskräftig zugesprochen hat. Erfinder im Sinne des § 5 ist lediglich, wer als solcher gerichtlich festgestellt ist, nur das Urteil berechtigt das Patentamt, im Gegensatze zu der Vermutung des § 3 Abs. 2, den Anmelder als Nichterfinder zu behandeln.

3. Daß das Patent einem anderen als dem Erfinder erteilt wird, kommt häufig vor und wird auch künftig keine seltene Erscheinung sein. Oft hat der Erfinder kein Interesse daran, als Patentsucher hervorzutreten und läßt einen anderen für sich handeln. Er kann seinen Anspruch auf das Patent einem anderen übertragen. Er kann auch vertraglich verpflichtet sein, einem anderen die Pateuterwirkung zu gestatten. Namentlich das Verhältnis der Fabriken und sonstigen gewerblichen Unternehmungen zu den in ihrem Dienste angestellten Technikern bringt es mit sich, daß nicht derjenige, der die Erfindung gemacht hat, das Patent herausnimmt. In allen diesen Fällen wird es als ein Mißstand empfunden, daß das geltende Gesetz keine Handhabe bietet, um dem Erfinder, der die wirtschaftliche Ausnutzung der Erfindung nicht in die Hand nimmt und vom Patentamt der Öffentlichkeit nicht als der Patentsucher kundgegeben wird, nicht wenigstens die persönliche Genugtuung zu verschaffen, daß er nach außen als der Urheber der Neuschöpfung bekannt wird. Während auf dem Gebiete des künstlerischen und literarischen Rechtsschutzes diese persönliche Seite der Beziehung des Urhebers zu seiner Schöpfung von wesentlicher Bedeutung ist, versagt das geltende Recht der Ehre des Erfinders ihre praktische Anerkennung. War das von dem grundsätzlichen Standpunkt des alten Patentgesetzes gegenüber dem Erfinder als solchem erklärlich und gerechtfertigt, so erscheint es als die natürliche Folge der in diesem Punkte abweichenden Stellung des Entwurfs, auch die Erfinderehre zu schützen. Mit Recht wird hierauf in den Kreisen der Beteiligten besonderer Wert gelegt. Man erkennt hierin ein wichtiges Mittel, um gerade den wirtschaftlich schwächeren Erfindern zum Vorwärtskommen zu verhelfen. Haben sie ein Recht darauf, daß sie der Mitwelt als die Urheber ihrer Erfindungen bekannt werden, so gewinnen sie dadurch an Ansehen, und die Möglichkeit, ihr Können vorteilhaft zu verwenden, steigt. Aber auch rein ideal betrachtet, erscheint der Wunsch des Erfinders, seinen Namen mit seiner Erfindung eng verknüpft zu sehen und so den Ruhm einer vielleicht bedeutsamen technischen Großtat an seine Person zu binden, gerechtfertigt. Der Staat wird, indem er diesem Wunsche entspricht, mittelbar die technische Arbeit fördern und dazu beitragen, daß die Berufsfreudigkeit und das Streben erfinderischer Köpfe nicht erlahmt.

Hierauf beruhen die Vorschläge des § 6 des Entwurfs. Wendet sich das Patentamt im Erteilungsverfahren an die Öffentlichkeit, so hat es dabei denjenigen anzugeben, der ihm als der Erfinder bezeichnet ist. Das gilt für das öffentliche Aufgebot der Anmeldung und für die Erteilung des Patents selbst, für die Patenturkunde, die Rolle und die Patentschrift. Formell ist dem Amte gegenüber nur der Anmelder oder der Patentinhaber zur Verfügung über den Inhalt der Anmeldung und zu Erklärungen berufen. Ohne seine Zustimmung darf mithin das Patentamt dem Verlangen des als Erfinder Auftretenden nicht entsprechen. Um die Grundlage der nach außen wirkenden Maßnahme zu sichern, den formell Berechtigten zu sorgsamer Prüfung anzuhalten, die Behörde vor klare Verhältnisse zu stellen, das Recht des Erfinders vor Unsicherheit zu bewahren und im Interesse des Publikums dafür zu sorgen, daß es sich auf die Richtigkeit und Unabänderlichkeit der Kundgebung über die Person des Erfinders möglichst verlassen kann, ist vorgesehen, daß eine dem Erfinder selbst erklärte Einwilligung nicht genügen soll, daß die Zustimmung vielmehr dem Patentamt gegenüber erklärt werden muß, und daß diese einmal abgegebene Erklärung nicht widerrufen werden kann. Wenn dem Erfinder die Zustimmung verweigert wird, so muß er sie durch Klage erzwingen und im Bestreitungsfalle nachweisen, daß er die Erfindung gemacht hat. Der Natur der Sache entspricht es auch hier, daß die Klage binnen kurz bemessener Frist erhoben werden muß. — Ein Vorbild für den § 6 findet sich in den Patentgesetzen des Auslandes nicht, eine einschlägige Bestimmung enthält nur das niederländische Patentgesetz vom 7. November 1910 in seinem Artikel 10: „Macht der Angestellte .... glaubhaft, daß ihm mit Ausschluß jedes anderen die Ehre der Erfindung zukommt, so bestimmt der Patentrat auf sein Ansuchen, daß sein Name in dem Patent genannt wird."

Da die Wurzel dieses Ehrenrechts des Erfinders die persönliche Erfinderschaft und sein Recht an der Erfindung ist, so richtet es sich gegen jeden, der ihm dies Recht streitig macht. Tritt ein anderer mit dem Anspruch auf, der Erfinder zu sein, so muß er sich an den als Erfinder Benannten halten. Es genügt nicht, daß er von dem Patentinhaber die Zustimmung zu seiner Benennung erlangt; darin würde auf dessen Seite ein unzulässiger Widerruf der dem ersten erteilten Zustimmung liegen, den das Patentamt nicht zu beachten hat. Anderseits kann der Patentinhaber nicht etwa im Einvernehmen mit einem anderen, der nicht Erfinder ist, durch dessen Benennung als Erfinder das bessere Recht des wahren Erfinders ausschließen. Hiergegen würde der letztere nach allgemeinem bürgerlichen Recht klagend vorgehen können, und der fälschlich Benannte müßte dem wahren Erfinder weichen, der seinen besseren Anspruch auf Nennung seines Namens gerichtlich durchsetzt. Ebensowenig kann der Patentinhaber, mit dessen Zustimmung jemand als Erfinder in den Veröffentlichungen des Patentamts genannt ist, neben diesem wider seinen Willen andere Personen benennen lassen. Würden diese ihre Nennung beantragen, so muß das Patentamt sie auf den Weg der Klage gegen den Benannten verweisen. Daß endlich niemand wider seinen Willen auf Wunsch des formell Berechtigten als Erfinder öffentlich genannt werden kann, versteht sich von selbst und ist durch die im Entwurfe vorgesehene Regelung sichergestellt.

4. Es besteht kein Grund, die oben behandelten Ansprüche des Erfinders von der allgemeinen Regel der Übertragbarkeit und Vererblichkeit der Vermögensrechte auszunehmen. Nur für die Ansprüche aus der sogenannten Erfinderehre gilt dies nicht. Sie sind höchstpersönlicher Natur, und ihrem Wesen würde es widersprechen, wenn sie zum Gegenstande geschäftlicher Verwertung gemacht und in der Person eines anderen als des Erfinders geltend gemacht werden könnten. Auch die Erben des Erfinders setzen in dieser Hinsicht seine Persönlichkeit nicht fort.

5. Das bisher im § 3 Abs. 1 des Patentgesetzes enthaltene Verbot der Doppelpatentierung bleibt bestehen. Durch § 3 Abs. 3 will der Entwurf den Rechtszustand bestätigen, der in bezug auf das Verhältnis identischer Patente zueinander gegenwärtig besteht und nur zum Teil den Absichten entspricht, die in der Begründung zu dem Gesetze von 1891 ausgesprochen wurden. Insbesondere muß im Sinne des Entwurfs unterschieden werden zwischen dem Falle,

daß die Erfindung teilweise Gegenstand eines älteren Patents ist, und dem anderen Falle, daß die Erfindung zu ihrer Verwirklichung eine andere durch Patent bereits geschützte Erfindung voraussetzt. Im ersten Falle darf das Patentamt das Patent so, wie es begehrt ist, nicht erteilen; die Patentierung ist nur möglich, wenn der Anmelder sich eine Beschränkung gefallen läßt, welche bewirkt, daß, was bereits geschützt ist, ausscheidet, und daß, was ihm geschützt wird, in keinem Punkte Gegenstand des älteren Patents ist. Der zweite Fall dagegen berührt die Aufgaben des Patentamts nicht. Er kann auch dann gegeben sein, wenn die Erfindungen als solche nicht ineinander greifen, und kennzeichnet sich nur dadurch, daß die jüngere Erfindung nicht ohne Eingriff in das ältere Recht benutzt werden kann. Dieses sein Recht zu wahren, ist Sache des Erstberechtigten, und die Frage, ob in diesem Sinne ein Patent von einem anderen abhängig ist, kann lediglich durch gerichtliche Klage zum Austrag gebracht werden. Der Entwurf hält an den hiermit gezogenen Grenzen der patentamtlichen und der gerichtlichen Zuständigkeit fest, nicht nur weil sie, wie das Reichsgericht überzeugend dargetan hat, systematisch richtig sind, sondern auch weil es unerwünscht und unausführbar ist, dem Patentamt neue Aufgaben zuzuweisen, die seinen gegenwärtigen Wirkungskreis erweitern und den Umfang seiner Arbeitslast vergrößern.

§§ 7, 8

stimmen sachlich und fast durchweg auch wörtlich mit §§ 4, 5 des Patentgesetzes überein. Was das sogenannte Recht der Reichsverwaltung zum Enteignen von Erfindungen anlangt, so ist zwar die Meinung aufgetreten, daß es nur dann bestehe, wenn das Patent erteilt worden ist, aber § 5 Abs. 2 des Patentgesetzes gibt für solche Einschränkungen keine ausreichende Grundlage. Wenn mit der Veröffentlichung der Patentanmeldung einstweilen die Wirkungen des Patents eintreten, so wäre es folgewidrig, daß dieses vorläufige Recht des Patentsuchers von Einschränkungen unabhängig wäre, denen das endgültige Patent unterworfen ist. Der Satz, daß die Wirkung des Patents unter Umständen nicht eintritt, gilt unabhängig davon, ob diese Wirkung an sich auf Erteilungsbeschluß oder auf Bekanntmachung des Patentamts beruht. Es bedarf daher keiner Änderung des Gesetzes in diesem Punkte, um das namentlich für die Militär- und Marineverwaltung wertvolle Recht, schon unmittelbar nach Veröffentlichung der Patentanmeldung Beschlag auf eine fremde Erfindung zu legen, sicherzustellen. Neuerlich ist das Verhältnis des Patentrechts zu Not- und zu Hoheitsrechten Gegenstand richterlicher und wissenschaftlicher Beurteilung geworden. Ein Bedürfnis zur Aufstellung besonderer gesetzlicher Regeln hierüber kann daraus nicht gefolgert werden.

§ 10.

1. Die Anwendung der Grundsätze der §§ 3 bis 6, 9 auf den Fall, daß ein im Dienste eines anderen Stehender eine Erfindung macht, bietet keine Schwierigkeit, und gerade hier werden die neuen Vorschriften sich zu bewähren haben. Der Satz, daß das Patent dem Erfinder gebührt, gilt ohne Unterschied, ob dieser auf eigene Rechnung und Gefahr tätig ist, oder ob er im Dienste eines anderen steht. Damit wird anerkannt, daß auch der technische Dienstnehmer Herr über seine Erfindungen ist, daß das Angestelltenverhältnis als solches ihm nicht die Verfügung über seine Schöpfung entzieht und er nicht

zugunsten des Dienstgebers schlechter gestellt ist als der wirtschaftlich selbständige Erfinder. Der Entwurf befriedigt insofern die von Theoretikern und von Vertretern industrieller Arbeitnehmer erhobenen Ansprüche und trägt dem gesteigerten sozialen Empfinden der Gegenwart Rechnung. In der Geltendmachung seiner Ansprüche gegen andere soll der Angestellte nicht gehindert sein, und insbesondere das Recht, bei der Patenterteilung als Erfinder genannt zu werden, kommt uneingeschränkt auch dem Angestellten zu, für den es von besonderem Werte gerade dann sein wird, wenn das Patent von dem Dienstherrn selbst angemeldet ist. Vom Standpunkt der Dienstgeber, der Besitzer industrieller Unternehmungen, ist zwar gegen die erörterte Regelung der Einwand erhoben worden, es möchten die Streitigkeiten zwischen Fabrikherren und Angestellten zunehmen, die letzteren könnten aus den gesetzlichen Vorschriften einen Anreiz zur leichtfertigen Erhebung von Ansprüchen entnehmen, die Prozesse über das subjektive Erfinderrecht würden zu unerquicklichen Auseinandersetzungen, sei es zwischen Angestellten und ihren Mitarbeitern, oder zwischen Angestellten und ihrer Firma, führen und leicht innere Angelegenheiten wirtschaftlicher oder technischer Natur, an deren Geheimhaltung die Firma ein berechtigtes Interesse habe, der Öffentlichkeit und den Gewerbegenossen preisgeben. Aber es darf angenommen werden, daß die nüchterne Wirklichkeit, die Furcht vor der Prozeßkostenlast und das eigene Interesse der Angestellten an einem guten Einvernehmen mit ihrem Arbeitgeber starke Gegengewichte gegen übertriebene Ausnutzung vermeintlicher Rechte liefern werden. Im übrigen ist es eine allgemeine Erscheinung, daß sich mit der Anerkennung eines Rechtes die Gefahr seines Mißbrauchs einstellt. Es ist aber nicht bekannt geworden, daß im Ausland, wo der Erfinder als solcher geschützt wird, sich hieraus unerträgliche Verhältnisse für die gedeihliche Fortentwicklung der Industrie und den Frieden unter ihren Angehörigen herausgebildet hätten. Warum in Deutschland derartige Folgen unausbleiblich sein sollen, ist nicht abzusehen. Es kann deshalb nur darauf ankommen, daß bei der gesetzlichen Regelung die Interessen richtig gegeneinander abgewogen werden.

2. Von seiten der Angestellten wird behauptet, daß sie vom Gesetz und von der Rechtsprechung im Stich gelassen worden seien, das Recht an ihren im Dienste des Unternehmens gemachten Erfindungen sei ihnen aberkannt und dem Dienstherrn zugesprochen, der damit nach Belieben schalte und walte, sie ausbeute und sich auf Kosten seiner fleißigen, aber schlecht bezahlten Beamten bereichern dürfe. Vertraglich könnten die letzteren sich nicht dagegen sichern, weil sie sonst die sichere Anstellung einbüßen würden, im Gegenteil benutze der Fabrikant sein wirtschaftliches Übergewicht, um durch die Verträge den Angestellten jeden eigenen Vorteil ihres erfinderischen Schaffens unmöglich zu machen. Es wird daher gefordert, daß der Angestellte zur Erwirkung von Patenten für seine Erfindungen schlechthin berechtigt sein solle, daß ihm jedenfalls ein Anteil an dem Gewinne zustehen müsse, den der Unternehmer aus der Erfindung des Angestellten ziehe, und daß die Möglichkeit, seine gesetzlichen Ansprüche durch Vertrag auszuschließen oder einzuschränken, beseitigt werde. Den Tatsachen wird jedoch diese Darstellung nicht gerecht. In der ständig gewordenen Praxis des Reichsgerichts ist es schon jetzt Rechtens, daß das Angestelltenverhältnis an und für sich auf die Frage, wem das Recht an einer von dem Angestellten im

Betriebe des Dienstherrn gemachten Erfindung zusteht, keinen Einfluß hat. Sie gehört dem Angestellten, wenn nicht das Recht des Dienstherrn durch Vertrag begründet ist. Dem ausdrücklichen Vertrage steht stillschweigende Vereinbarung gleich. Eine solche kann insbesondere aus der Stellung des Arbeitnehmers und der Art seiner Beschäftigung sowie der Höhe seiner Bezüge gefolgert werden. Ist er danach verpflichtet, auf Verbesserung der Fabrikationsmethoden bedacht zu sein, ist er zum Erfinden angestellt, so steht die einzelne Erfindung dem Arbeitgeber zu. Diese Grundsätze entsprechen den bestehenden Verhältnissen und den Geboten der Billigkeit. Sie schaffen einen verständigen Ausgleich zwischen dem Sonderbegehren des einzelnen Technikers und der Notwendigkeit, das Unternehmen zu fördern, dem er dient, und von dessen Blühen auch das Wohl des einzelnen abhängt. Die auf augenblicklicher Eingebung beruhenden Erfindungen gehören zu den Seltenheiten, gewöhnlich ist die moderne Erfindung das Ergebnis wissenschaftlichen Studiums, planmäßigen Forschens durch die zusammengeschlossenen Kräfte des Unternehmens, welches darauf ausgeht, seine Produktion durch neue Erfindungen zu heben und zu erweitern. Eigens zu diesem Zwecke werden geeignete Personen beschäftigt, und den Mitteln, Einrichtungen, Anregungen und Erfahrungen des gesamten Betriebs verdankt regelmäßig auch die von dem einzelnen Angestellten gemachte Erfindung ihre Entstehung. Der Wert und der Erfolg der einzelnen Erfindung hängt auch keineswegs nur von der konkreten Erfindungstätigkeit und dem unmittelbaren technologischen Gehalt des neuen Gedankens ab. Die Leitung und Einrichtung des Betriebs, die Geschicklichkeit des Konstrukteurs, die praktische Erprobung und Ausbauung, die kaufmännische Einführung und Verwertung und andere Faktoren ähnlicher Art spielen eine so bedeutende Rolle, daß es unmöglich und ungerecht erscheint, einseitig den Erfinder zu bevorzugen und ihm etwa, wie vorgeschlagen worden ist, eine zahlenmäßig feste oder verhältnismäßig bestimmte Entschädigung schlechthin zu sichern. Gewiß kommt es vor, daß übermächtige Unternehmer Stellenbewerbern oder Bediensteten Vertragsbedingungen diktieren, die unbillig und unsozial wirken. Aber es ist unrichtig, daß die Angestellten hinsichtlich ihrer Erfindungen den Arbeitgebern wehrlos ausgeliefert seien. Ein Vertrag, nach dem alle Erfindungen des Angestellten, gleichviel ob sie mit seiner dienstlichen Tätigkeit zusammenhängen oder nicht, oder ohne Rücksicht darauf, ob sie vor oder während oder nach der Vertragszeit gemacht sind, dem Dienstherrn zufallen, würde gegen die guten Sitten verstoßen und nichtig sein. Gegen die wucherische Ausbeutung ihrer Arbeitskraft sind die Angestellten nicht nur durch das allgemeine bürgerliche Recht, sondern in erster Linie durch das eigene Interesse der Dienstgeber geschützt, deren Verhalten in diesem Punkte von eigenen und gegnerischen Organisationen heutzutage überwacht wird und in der öffentlichen Meinung einen sehr empfindlichen Regler findet. Daß der Angestellte leer ausgehen soll, während das für seine Erfindung erteilte Patent dem Vermögen des Dienstherrn zuwächst, entspricht dem Willen der Industrie im allgemeinen keineswegs, weil ihr daran gelegen sein muß, daß die Fähigen angespornt werden; nur über die Form, in welcher der Erfindung ihr Lohn zuteil wird und werden soll, besteht Meinungsverschiedenheit. Man wird den Angestellten bis zu einem gewissen Grade entgegenkommen können, indem ihnen ein Anspruch in dieser Richtung eingeräumt wird. Unannehmbar aber ist ihr Wunsch, daß die Freiheit der Parteien, Leistung und Gegenleistung vertraglich zu regeln, auf diesem Gebiete weiter eingeschränkt wird, als es dem bürgerlichen Recht überhaupt entspricht. Die Erfüllung dieser Forderung würde nicht nur die Bewegungsfreiheit der Unternehmer hemmen, ihnen die Anpassung an die jeweilige Konjunktur erschweren und leicht den lebendigen Entwicklungsbetrieb des Unternehmens selbst gefährden, dadurch aber mittelbar auf das ganze Erfindungswesen lähmend einwirken, sondern sie würde auch nicht zum wahren Nutzen der Angestellten dienen. Denn unter diesen haben nicht die Untüchtigen, die nicht kleine Klasse der eingebildeten Erfinder, Anspruch auf Berücksichtigung und Förderung, sondern die wirklichen Erfinder, welche die Technik in Wahrheit vorwärtsbringen. Für diese aber ist die Erhaltung der Vertragsfreiheit in hohem Grade erwünscht. Sie ermöglicht es ihnen, sich durchzusetzen, wirtschaftliche Selbständigkeit zu erringen und zu wahren. Kann der einzelne sowohl über seine bereits gemachten als über erst künftig etwa zu machende Erfindungen und ihre Verwertung frei verfügen, so ist er eine beachtenswerte Größe beim Vertragsschluß. Wird dagegen durch zwingende Vorschriften eine vorherige Verständigung über Leistung und Gegenleistung unmöglich gemacht, so wird sich die Aussicht des strebsamen Arbeiters, seine Erfolge anerkannt zu sehen und eine bleibende Stellung in dem Unternehmen zu erlangen, verschlechtern. Unmöglich ist es namentlich, dem Angestellten einen Rechtsanspruch auf Beteiligung an dem Gewinne des Unternehmers zu gewähren. Diese Form der Entlohnung ist ausführbar, wenn über die Art der Gewinnfeststellung Einverständnis unter den Parteien herrscht; dabei können die Kosten der Ausarbeitung und des ferneren Ausbaues der Erfindung, die Kosten der Patentierung im Inland und Ausland, die allgemeinen Handlungsunkosten, Abgaben, Abschreibungen, Verluste an anderen Betriebsstellen usw. von bestimmendem Einfluß sein und entsprechend berücksichtigt werden. Es ist aber klar, zu welchen bedenklichen Folgen es führen müßte, wenn der Angestellte ein Recht hätte, über alle diese Punkte von dem Dienstherrn Aufschluß zu fordern, dessen Angaben und Geschäftsbücher gerichtlich nachprüfen zu lassen und ihn zur Offenlegung geheimster Einzelheiten seines wirtschaftlichen Auf- oder Niederganges zu nötigen. Den Gefahren, die aus einer solchen Regelung sich ergeben müssen, darf die Industrie und die deutsche Volkswirtschaft nicht ausgesetzt werden um einer Frage willen, deren Bedeutung nicht gering ist, aber auch nicht überschätzt werden sollte. Nur darum handelt es sich, unter welchen Umständen der eine oder der andere Teil ein Recht auf das Patent hat. Das allgemeine Problem des Rechts der Angestellten, der allgemeine Ausgleich wirtschaftlicher Schwächen ihrer sozialen Stellung und eine zwingende Gestaltung der Dienstverträge überhaupt hat hier grundsätzlich auszuscheiden.

3. Der § 10 geht hiernach davon aus, daß Erfindungen, die außerhalb des Gebiets liegen, auf dem das den Angestellten beschäftigende Unternehmen arbeitet, und Erfindungen, zu denen der Angestellte nicht durch seine dienstliche Tätigkeit gekommen ist, grundsätzlich den Dienstherrn nichts angehen; der Anspruch des Erfinders auf das Patent kann insoweit nur durch Vertrag dem Unternehmer übertragen werden, das Anstellungsverhältnis als solches begründet insoweit mangels besonderer Abmachung keine Rechte. Sogenannte dienstliche Erfindungen sind nur die, welche gattungsmäßig in den Bereich der Aufgaben des Unternehmens fallen und der Tätigkeit entspringen, die dem Angestellten

obliegt. Die letztere Voraussetzung ist immer erfüllt, wenn es überhaupt zu den Aufgaben des Angestellten gehört, erfinderisch tätig zu werden, ohne daß es dann darauf ankommt, ob der besondere Wirkungskreis, der ihm zur Zeit der Entstehung der Erfindung gerade übertragen ist, im ursächlichen Zusammenhang mit ihr steht. Betreffs der dienstlichen Erfindungen gehen die Erfinderansprüche kraft Gesetzes von dem Angestellten auf den Unternehmer über. Der Unternehmer hat den Anspruch auf das Patent und kann ihn nach Maßgabe der §§ 4, 5 gerichtlich und auf Grund des zu seinen Gunsten lautenden Urteils bei dem Patentamt zur Geltung bringen gegenüber einem andern Anmelder, der nicht Erfinder ist. Der Angestellte ist weder ihm noch dritten Personen gegenüber als Erfinder anzusehen. Meldet er eigenmächtig die Erfindung für sich selbst an, so muß er dem Erfinderanspruch des Dienstherrn weichen. Es kann ihm auch kein entscheidender Einfluß darauf eingeräumt werden, ob ein Patent auf die Erfindung nachgesucht werden soll oder nicht. Das hängt so eng mit den allgemeinen Interessen des Betriebs zusammen, daß nur der Betriebsherr selbst, der den Überblick über das Ganze und über das Verhältnis zu den im Wettbewerbe stehenden Gewerbegenossen besitzt, darüber muß befinden können. Nur auf das persönliche Ehrenrecht des § 6 erstreckt sich der gesetzliche Übergang nicht, es bleibt unter allen Umständen dem Angestellten unverkümmert. Im übrigen gilt dies alles nach § 10 nur insoweit, als nicht durch Vertrag, ausdrücklich oder stillschweigend, abweichende Bestimmungen getroffen sind. Unter Angestellten versteht der § 10 alle Personen, die für den Dienst eines gewerblichen Unternehmens schriftlich oder mündlich verpflichtet und innerhalb des Unternehmens beschäftigt sind. Der Ausdruck begreift leitende Beamte, Betriebsbeamte, Werkmeister, Arbeiter, Gehilfen und Nichttechniker, ohne Unterschied, ob die Dienstleistungen niederer oder höherer Art sind und ob die Beschäftigung den Hauptberuf bildet oder nicht. Auch unentgeltlich beschäftigte Personen können hierher gehören.

Der Umstand, daß das dem Unternehmer erteilte Patent für diesen ein Vermögensrecht darstellt, welches er der Tätigkeit des Angestellten verdankt, rechtfertigt die Zubilligung eines Anspruchs auf Vergütung an den Angestellten, eines Anspruchs, den im voraus schlechthin auszuschließen, durch § 10 Abs. 3 dem Unternehmer unmöglich gemacht werden soll. Im übrigen unterliegt die Natur und das Maß der Vergütung in erster Linie der Vereinbarung der Parteien. Regelmäßig wird nicht über ein einzelnes bestimmtes Patent Verabredung getroffen werden, sondern schon bei der Anstellung wird gewöhnlich diese Frage allgemein geregelt, und vielfach wird die Regelung nicht ausdrücklich, sondern stillschweigend stattfinden. Insbesondere in den Fällen, wo von vornherein der Zweck verfolgt wird, daß der Bedienstete sein höheres technisches Können und sein erfinderisches Schaffen in den Dienst des Betriebs stellen soll, wird der Wert dieser Leistungen regelmäßig bei der Bemessung seiner Bezüge in Anschlag gebracht. Auch in der Zumessung seiner Leitungsbefugnisse, der Einräumung ungewöhnlicher Freiheiten oder anderer nicht pekuniärer Vorteile, kann die Entlohnung für erwartete Erfindungen liegen. Mangels vorheriger Abrede über Art und Höhe der Vergütung, hat sie der Dienstherr, nachdem ihm das Patent erteilt worden ist, festzusetzen. Das Maß hängt nicht von dem objektiv meist nicht feststellbaren Werte der in Rede stehenden Erfindung ab, sondern es soll unter Berücksichtigung aller persönlichen und sachlichen Umstände, nach billigem Ermessen bestimmt werden. Nach § 315 Abs. 3 des Bürgerlichen Gesetzbuchs ist die getroffene Bestimmung für den Angestellten nur verbindlich, wenn sie der Billigkeit entspricht. Ist dies nicht der Fall, so wird die Bestimmung durch Urteil getroffen; das gleiche gilt, wenn die Bestimmung verzögert wird.

4. Bei der vorstehend erläuterten Regelung hat der Entwurf lediglich Privatbetriebe im Auge, die Verhältnisse der staatlichen, städtischen und sonstigen öffentlichen Betriebe und ihrer Bediensteten und Beamten sind ausgeschieden. Zwar treten staatliche Verwaltungen und Beamte nicht selten als Erfinder und Patentsucher auf, und die Umstände, unter denen z. B. in Waffenfabriken oder Werftanlagen des Staats oder des Reichs technisch gearbeitet wird und Erfindungen zustande kommen, weisen starke Verwandtschaft auf mit den Verhältnissen entsprechender Betriebe industrieller Einzelunternehmer oder Aktiengesellschaften. Aber der Versuch, die Bestimmungen des § 10 auf die staatlichen Anstalten usw. ganz oder teilweise auszudehnen, hat sich als undurchführbar herausgestellt. Gewerbliche Unternehmen schlechthin betreibt der Staat, genau betrachtet, überhaupt nicht, weil in keinem Falle der wirtschaftliche Gewinn den Hauptzweck bildet. Eine Abgrenzung und Einzelaufzählung derjenigen Anstalten und Anlagen, die ihrer Art und ihren Aufgaben nach den gewerblichen Unternehmungen für die Zwecke dieses Gesetzes gleichzustellen wären, ist unmöglich und wäre notwendigerweise Stückwerk. Wäre aber selbst in dieser Hinsicht ein Ausweg zu finden, so fehlt doch dem Reiche die Zuständigkeit, in das bundesstaatliche Beamtenrecht einzugreifen, und die Fragen, wieweit ein Staatsbeamter sich Beschränkungen in seiner privatwirtschaftlichen Tätigkeit gefallen lassen muß, wieweit er seine Arbeitskraft und das Ergebnis seiner Arbeit der vorgesetzten Behörde zur Verfügung stellen muß, und wieweit ihm neben seinem dienstlichen Einkommen noch als Erfinder ein Rechtsanspruch auf Vergütung gegen den Staat eingeräumt werden kann, berühren ersichtlich das Wesen und Recht des Beamtenverhältnisses in starkem Maße. Auch die Beziehungen der Kommunalbeamten zu den Gemeinden beruhen auf Landesrecht. Nur für Betriebe und Beamte des Reichs oder nur für die im privatrechtlichen Vertragsverhältnis befindlichen Angestellten öffentlicher Betriebe die einschlägigen Verhältnisse zu regeln, geht nicht an, weil hier die Bedürfnisse im allgemeinen keine anderen sind als in den anderen Fällen, in manchen Beziehungen aber vom Standpunkt der Verwaltung ein Eingriff des Gesetzes in die Pragmatik des Dienstes als untunlich erscheint. Wenn deshalb Reich, Staat und Kommunalverwaltungen durch § 10 des Entwurfs nicht berührt werden, so verliert diese Selbstbescheidung des Entwurfs insofern an praktischer Bedeutung, als es auch bei Anwendung von § 10 den Verwaltungen freistehen würde, entsprechend der dort vorbehaltenen Freiheit vertraglicher Regelung, durch Dienstvorschriften die Interessen des Staates in Abweichung vom Gesetze zu wahren. Im übrigen sind bisher Staat und Kommunen von dem Vorwurf ungerechter oder egoistischer Behandlung der Angestellten hinsichtlich des Erfinderrechts nicht getroffen, insoweit fehlt es auch an einem Anlaß, gesetzlich einzuschreiten.

Demgemäß wird die Rechtslage nach wie vor die sein, daß für die in öffentlichen Betrieben Beschäftigten besondere Vorschriften des bürgerlichen Rechts über den Rechtsübergang der Erfinderansprüche und über Vergütung fehlen, also volle Vertragsfreiheit herrscht, und auch dann, wenn keine Verträge abgeschlossen sind, subsidiäre Gesetzesvorschriften nicht eintreten. Der Angestellte ist Herr über seine Erfindung, es sei denn, daß ihm das Recht, sie im eigenen Namen anzumelden und für sich zu verwerten, vertraglich entzogen ist. Vereinbarungen darüber können ausdrücklich oder stillschweigend getroffen werden. Für Beamte gilt nichts Abweichendes. Inwieweit der Beamte in der Freiheit der Verfügung über die Erfindungen, die er auf dem ihm dienstlich anvertrauten Gebiete macht, durch Dienstvorschriften mit privatrechtlicher Wirkung beschränkt werden kann, hängt von dem jeweils maßgebenden Beamtenrecht ab. Der neue Anspruch auf Nennung als Erfinder gemäß § 6 steht dem Angestellten zu. —

V. Die Erläuterungen gehen davon aus, daß nicht nur dem Aufbau, sondern auch dem Inhalt nach, der Entwurf die Reform in engen Grenzen halte. Es ist davon die Rede, daß, wo die Umgestaltung nicht unerläßlich oder aus äußeren Gründen dringend wünschenswert sei, das alte beibehalten werde. Denn wo bei Abwägung verschiedener Möglichkeiten der Rechtsgestaltung die geltende nicht offensichtlich unhaltbar erscheine, liege es im Interesse der Rechtssicherheit und der Stetigkeit wirtschaftlicher Entwickelung, von Neuerungen abzusehen.

Dieser Gedanke ist kerngesund. Gegenüber einem Gesetz, das jahraus jahrein in seiner Anwendung allerlei soziale Empfindungen aufwühlen und jeweils mindestens e i n e unzufriedene Partei als Opponentin ertragen muß, bedeutet eine leidenschaftliche Diskussion und das Schlagwort von dringlichsten Forderungen an sich nicht allzuviel. Ist aber der Gedanke der möglichsten Konservierung bewährter wirtschaftlicher Grundsätze gesund, so ist es um so gefährlicher, den dem Entwurf vorangeschickten Grundgedanken zeitweilig zu verlassen. Und das geschieht im Entwurf leider mannigfach, wenn auch nicht immer eingestanden. Daß das Patentgebührenwesen plutokratisch und der Organismus des Patentamtes nicht mehr ganz zeitgemäß zugeschnitten ist, vor allem weil die Prüfung der Anmeldungen — jetzt ca. 50 000 pro anno — ein etwas rascheres Tempo erheischt, leugnet niemand ernsthaft. Wenn folglich der Entwurf die Gebührenpflicht und -Höhe revidieren, auch die Patenterteilung nur an eine vorgängige Prüfung knüpfen will, sobald diesbezüglicher Antrag vorliegt, so kann diese Verbilligung und Beschleunigung des Patentwesens nur gutgeheißen werden. Allein das gilt nicht von allen übrigen Tendenzen des Entwurfs. Die vom altruistischen Standpunkt wohl begreifliche — und m. E. durch das geltende Recht genügend beachtete — Begünstigung des Erfinderanspruchs und Angestelltenschutzes weist starke Uebertreibungen auf. Den Präventiv- und Repressivbestimmungen begehrenden Stürmern und Drängern mußten und müssen die Zentralbehörden ein kräftiges Rückgrat zeigen. Es ist von vorneherein zu bezweifeln, ob der (im Gegensatz zu den Thesen des früheren Patentschutzvereins bestehende) Status quo ungerechtfertigt und reformbedürftig erscheint. Die Allgemeinheit gewärtigt für den Fall der Neuerung gewisse selbstsüchtige Bestrebungen. D e r h i e u n d d a r e c h t e g o i s t i s c h e W e t t b e w e r b d e r b e i g u t g egliederter Arbeitsteilung und methodisch gefügten Arbeitsstadien in Betracht kommenden Mitarbeiter und Hilfskräfte wird sich naturgemäß steigern. Es wird Fälle geben, in denen der wirkliche oder vermeintliche Erfinder seine Schöpfung oder aber das Endresultat des gleichsam genossenschaftlichen Produzierens der Gemeinschaft länger wie rätlich entzieht. Die beinahe bei sämtlichen neuzeitlichen Betrieben wahrnehmbare Tatsache, daß die Initiative und Spezialisierung der Schöpfung von dem Bereitsteller des Institutes ausging, daß somit ohne solche segensreiche Gelegenheiten nichts erfunden worden wäre, kann mit einem Achselzucken nicht beseitigt werden. Autorschaft ist gerade bei einem namhaften Unternehmen ein schwimmender Begriff. Ihre Erforschung öffnet Dissidien aller Art Tür und Tor. Bislang bewährte sich die Ungebundenheit, mit der das Unternehmen rechnen durfte, weil sie zu der Variation und Permutation eines personellen Räderwerkes weit besser sich eignet, wie die starre Satzung der Erfinderinquirierung.

Was zutreffend der Entwurf für die Etablissementserfindung im engeren Sinne ausnimmt, wäre wichtig und wertvoll auch vom Standpunkte der Etablissementserfindung im weiteren Sinn. Erstere ist, genau besehen, nur ein Prototyp. In Wirklichkeit ist die Grenze zwischen dem Gemeinschafts- und Individualprodukt schwer zu ziehen. Wäre „die Tatsache, daß die in dem Betriebe hervorgebrachte Erfindung nicht auf einen einzelnen zurückgeführt werden kann“ in concreto so einfach, unbestreitbar und unbestritten, wie der Entwurf sein säuberlich und theoretisch bei Scheidung von Einzel- und Etablissementserfindung es hinstellt, dann freilich wäre manche praktische Schranke hinweggeräumt und die wohlbegründete Angst der Konservativeren vor dem Wust von Mitarbeiterprozessen in spe gegenstandslos. Allein es wird gehen, wie bei der Wettbewerbsnovelle. Sie zog die Wettbewerbsprozesse, die Denuntiation und kleinliche Verbandswirtschaft, welche heute den Handel beunruhigt, erst groß. Des außergerichtlichen und gerichtlichen Zeterns: „wie war der Werdegang des erfundenen Kindleins? wer ist sein Vater? schlägt die exceptio complurium durch?“ wird kein Ende sein und der alte napoleonische Satz: „la recherche de la paternité est interdite“, wird bezüglich der Etablissementserfindung im engeren Sinn auf dem Papier des § 3 1. Abs. 2. Satz stehen bleiben.

Der Entwurf meint: „aller Fortschritt beruht auf der Erkenntnis, dem Willen, der Tat einzelner“. Das Wahre und Richtige ist: die Kultur ist das Produkt des Zeitgeistes, der durchgedrungenen Erkenntnis der vires unitae und der Energie eines die Einzelarbeit genial verbindenden Kommunismus. Wenn der Erfinder, wie der Entwurf einräumt, auf den Schultern seines Vormannes steht, wenn der Niederschlag der vorangegangenen technischen Resultate ihn beeinflußt, dann ist die Individualität zwar nicht zu entbehren, aber nicht von der Bedeutung, die ihr heute zugeschrieben werden soll. Gewiß: Ethik und soziale Gerechtigkeit wird mit Fug und Recht gegen Unterdrückung dieser Einzelkraft, dieses Einzelverdienstes, eifern. Den wackeren Denker und Fertiger beiseite zu schieben und darben zu lassen, auf daß das Gesamtunternehmen den Rahm abschöpfe, wird kein einseitiger Beurteiler gutheißen. Dies aber ist Sache des allgemeinen Äquivalents, der menschen- und arbeitswürdigen Entlohnung und des den besonderen Leistungen entsprechenden Avancements. Nicht drängt der Umstand, daß der Einzelempiriker eine außergewöhnliche Gehirntätigkeit, eine den Durchschnitt übersteigende manuelle Fertigkeit, entfaltete, zu der Obliegenheit, jedweden derart besser, wie mittelmäßig, tätigen Mitarbeiter als Urheber zu publizieren. Immer wieder erinnerten die Verteidiger des bisherigen Zustands an die analogen Vorzüge brauchbarer Prokuristen, Geschäftsführer, Gehilfen, Zeichner und Bildhauer aus nicht technischen Betrieben, die anonym wirken und walten. Ihre Ausdauer, Geschicklichkeit, Fachkunst und Ideenfülle wird mit usancemäßigen Salären abgegolten. Nicht ihrem spitzfindigsten Vorkämpfer fällt es ein, fakultative, geschweige denn obligatorische, Gewährleistung für ihre eventuell vorzügliche, sinnreiche, originelle und einträgliche Mitarbeit dem Chef, geschweige denn Gesetz, zuzumuten. Nam' und Art bleibt ungenannt. Nie sollst du mich befragen .....

Allein selbst wenn wir bezüglich der Erfindernennung unterstellen, daß diese Seite der Reform die diskutierbarste ist — verstand sich doch sogar Isay, der Wortführer der Konservativeren in der Kommission, am Ende des Stettiner Kongresses zur prinzipiellen Billigung der das formelle Erfinderrecht gutheißenden Leitsätze —, welche Kluft besteht unter allen Umständen zwischen den ästhetischen sowie theoretischen Vorzügen des Erfinderprestiges und der konkreten, praktischen Ausarbeitung der neuen Lehre! Die Erläuterungen deduzieren etwa so: „Wissenschaft und Praxis hat seit 1877 fortgearbeitet, ergo muß der Gesetzgeber ebenfalls reformieren". Dagegen läßt sich sehr wohl die andere Deduktion hören: „Spruchpraxis und Literatur baute das alte Gesetz aus. Also ist es ausbaufähig, ausgebaut und kann getrost so bleiben. Blieb die Rechtsprechung an dem Wortlaut der §§ 3 und 10 a. F. nicht kleben, tant mieux! Dann möge sie ihren Lauf weiter nehmen und fernerhin emanzipiert ex aequo et bono judizieren, zugunsten des Erfindungsbesitzers und des Erfinders!" Man vergesse nie, wie, der angeblichen sozialen Ungerechtigkeit ungeachtet, Handel und Wandel samt den Angestellten desselben prosperiert, das deutsche Patentwesen stets mehr sich ausreift und dem von den Neueren so stark poussierten Amerikanismus getrost sich numerisch und qualitativ an die Seite stellt, wie endlich kaum irgendwelche relevante Erfindungen und Erfinder totgeschwiegen werden. Hat das Reichsgericht, wie feststeht und oben dargelegt, die Bedürfnisse der Epoche verstanden und ein von Patenturkunde und Anmeldung unabhängiges Erfinderrecht statuiert, wozu eine neue Norm? Räumt doch auch die Erläuterung des Entwurfes ein: subsidiär bleibt allemal das ultimum remedium des 24. und 25. Titels des BGB. über ungerechtfertigte Bereicherungen und unerlaubte Handlungen. Frankreich, Italien und Belgien haben das Erfindersystem nicht angenommen. Österreich ist nicht allzu produktiv. Eine Enquete über die Erfolge des dortigen neuen Gesetzes fiel recht negativ aus. In den Vereinigten Staaten ist die Solidarität des Unternehmens und der Angestellten, auch der letzteren untereinander, geringer, wie bei uns. Großbritannien weist konstante Erfinderstreitigkeiten auf. Die Patentgesetzgebung in Holland, Japan, Skandinavien und Rußland ist noch zu neu, als daß das dort eingeführte Erfindungswesen experimentell für uns Verwendung finden könnte.

Auch muß dem Entwurf entgegengehalten werden, daß das Erfinderehrenrecht — gesetzt den Fall, es müsse in's Gesetz herein — sehr wohl im Rahmen des bestehenden Gesetzes Platz finden könnte, eben weil die §§ 3 und 10 a. F. von der Rechtsprechung extensivest ausgelegt werden. —

Die im Sinne der neuen §§ 3—6 nebeneinander funktionierende Doppelarbeit des Amts und Gerichts hat ihre Schattenseiten. Dazu kommt, daß der durch das neue Gesetz gedanklich prämiierte Erfinder, zumal der durch Entwendung beeinträchtigte, nur den — unter Umständen recht problematischen — Behelf der normal, indes langsam, funktionierenden Klage erhält. Der alte § 3 Abs. 2 wäre dem (doch sonst durch den Entwurf protegierten) Erfinder ein zuweilen rascherer und praktischerer Schirm.

Nur kurz mag hier gestreift werden, welche Schwierigkeit der Nachweis der Autorschaft, welchem nach bekanntem Rechtsgrundsatz derjenige der Nichtautorschaft des Beklagten anzureihen wäre, in sich birgt. Das ist in der Stettiner Debatte trefflich beleuchtet worden. Der angebliche „Sonderfall" der durcheinander ergänzenden Arbeit mehrerer Individuen, deren jedes die Autorschaft anspricht, ist leider ein alltäglicher, fast ein Regelfall, und gewiß bei künftigen Erfinderschaftsklagen die crux der Kollegialgerichte.

Die Gefahr der Doppeltätigkeit des Patentamts und ordentlichen Gerichtes zeigt auch der Satz in den Erläuterungen, daß, solange die Übertragung der Ansprüche des Anmelders auf den Erfinder nicht vor sich gegangen resp. durch Entscheidung ersterem auferlegt sei, das Patenterteilungsverfahren durch den Streit der Patentkandidaten nicht beeinflußt werde. Also doch Residuen des alten Anmelde- und nicht ganz strenge Konsequenz des neuen Erfindersystems! Wie lange und erfolgreich kann der Erfinder schikaniert werden! Nach § 11 des neuen Gesetzes dauert das Patent 15 Jahre von der Veröffentlichung der Anmeldung an. Es können leicht 7—8 Jahre vergehen, bis die 3 Instanzen den Streit zwischen Anmelder und Erfinder ausgetragen haben.

Nun richtet sich aber der Anspruch des Erfinders keineswegs gegen die Patentbehörde. Diese vermag auch nicht durch einstweilige Verfügung, wie man in strengerer Verfechtung des Erfinderprinzips zugunsten desselben folgern sollte, in der Fortführung ihrer amtlichen Aufgabe der Prüfung und Patentierung aufgehalten zu werden. Es kann somit der erfinderfeindliche Anmelder, gleichviel wie sein nebenherlaufender Prozeß beim ordentlichen Gerichte stehen mag, etwa die Hälfte der Patentdauer hindurch öffentlich als erster Anwärter des Patents sich gerieren und rühren, dieses ausnützen und nur — soweit man ihm materiell hinterher etwas anhaben kann — nach eventuell verlorenem Rechtsstreit den Erfinder schadlos halten müssen. Erwägt man die lange Dauer, insbesondere der Prozesse im 3. Rechtszuge, so ist das kommerzielle Prognostikon für einen mit Glücksgütern nicht gesegneten Erfinder kein übermäßig glänzendes. Die graue Theorie wird ihm bei solcher Sachlage gewogener sein, wie des Lebens goldner Baum. Man wird einwenden: der Anmelder muß sich ja gefallen lassen, daß ihm der Erfinder zur Sicherung seines Anspruchs Beschränkungen in der Verfügung über die Anmeldung durch gerichtliche Hilfe auferlegt. Das wird indes in der Praxis nicht so einfach gehen. In die engeren patentamtlichen Fragen vermag der Richter nicht einzusprechen. Die Akten herüber und hinüber werden nicht immer entbehrlich oder bei ab und zu bureaukratischerer Auffassung faktisch nicht immer erhältlich sein. (In diesem Betreff müßte allenfalls obligatorisch Adhibierungspflicht und -recht gesetzlich sanktioniert werden.) Die Schranken der Verfügung über die Anmeldung werden, angesichts der Fülle möglicher prozessualer Einwendungen bzw. bei dem meist mitten im Rechtsstreit vorliegenden non liquet, nicht allzu bereitwillig seitens der Landgerichte aufgetürmt werden. Wenn, dann höchstens gegen nicht unbeträchtliche Kautionserlage, die der allenfalls unvermögende Erfinder nicht leisten kann. Einzelne Sachverständige werden auch künftighin zuweilen Schneckenarbeit verrichten.[1]) Vom Gutachten aber mag des öfteren die Frage des Eingreifens des Richters in Richtung gegen die Verfügung über die Anmeldung abhängen. Der Entwurf erfordert „das rechtskräftige Urteil", durch welches der Anmelder zur Abgabe der im § 4 n. F. bezeichneten Willenskundgebung verurteilt und der Erfinder bei dem Patentamt legitimiert wird. Besagte Hürden stehen dem vertrauensvoll prozessierenden Erfinder leicht $^1/_3$—$^1/_2$ der im § 11 n. F. fixierten Patentlebenszeit im Wege, so daß er bestenfalls insolange sein „rechtskräftiges Urteil" genießen kann.

Wenn sodann der Entwurf — falls doch einmal das Erfindersystem mit seinen Vorzügen unterstellt werden soll — eine Frist von nur einem Jahr für die Klage des Erfinders mit der Begründung vorsieht, jeder könne sich gegenüber dem behördlichen Aufgebot rühren, also auch der Erfinder, so ist dies, nachdem man gerade den wirtschaftlich Schwachen und so eventuell den kleinen Mann, mit den §§ 3 ff. n. F. zu schirmen gedenkt, eine viel zu knappe und auch von dem Stettiner Kongreß wohlweislich nicht gebilligte Frist. Solch eine Klage wird oft nicht „verschleppt", sondern mangels der ausreichenden Informationen, Beweisbehelfe, finanziellen Unterstützungen und ähnlichen Imponderabilien des Werktags und praktischen Lebens, dilatorisch behandelt, ohne daß den Erfinder eine Schuld trifft. Das wirtschaftliche Bedürfnis nach Ruhe zugunsten des gutgläubigen Erfindungsbesitzers ist löblich. Noch löblicher ist, falls denn doch einmal der Erfindungsgedanke obenan steht, das Bedürfnis nach Gerechtigkeit und Aufklärung, namentlich mit

---

[1]) Vgl. Techniker als Richter, vom Verfasser des Gegenwärtigen.

Rücksicht auf den eventuell mala fida die Erfindung Besitzenden, der (besonders, wenn er solvent und in der Lage ist, den patentamtlichen und anwaltschaftlichen Taxen besser zu genügen), über den an ein schmales Jahr gebundenen wahren Erfinder endgültig triumphieren könnte.

Die ebenfalls einjährige Befristung der eigenen Anmeldung des Erfinders, welche er, unabhängig von der des Nichtberechtigten, bewirken will, ist ebenfalls zu kurz durch den Entwurf gesteckt. Das nämliche ist von der Klage zu sagen, falls dem Erfinder die Zustimmung im Sinne des § 6 des neuen Entwurfes versagt wird und er den formell berechtigten Anmelder und Patentbesitzer gerichtlich zur Zustimmung seiner Eintragung zwingen muß. Die Klage soll im Sinn des neuen § 37 vom Augenblick der Bekanntmachung des Patentes an laufen. Der im Regierungsentwurf fehlende Zusatz des Stettiner Kongresses, welcher auch für diesen Fall eine Frist von drei Jahren — unter VI, 3 seiner Beschlüsse — mit Recht vorgesehen hat: „oder gegebenenfalls vom Tage der Bekanntmachung der Erfinderbezeichnung" ist logisch und gerecht. —

Der § 6 des neuen Entwurfs steht ziemlich vereinzelt da. Keines der Kulturländer, außer Holland, weist ähnliches auf. Allein es muß zugegeben werden, daß — unter Voraussetzung der Einführung des neuen Erfindersystems — die Erzwingbarkeit der Nominierung gegenüber dem unberechtigten Erfindungsinhaber eine der nicht zu entbehrenden Folgen der Vindikationslehre abgibt.

Weniger glatt ist das in den Erläuterungen sub § 6 zu 4 Ausgeführte. Die Ansprüche des Erfinderrenommees könnten — rechtlich — sehr wohl das Objekt einer Übertragung und Verwertung bilden. Ihre Übertragung durch die §§ 9 und 10 n. F. auszuschalten, ist aber erst recht wirtschaftlich, und gerade im Interesse des Urerfinders, somit sozial, nicht veranlaßt. Es gibt tausend und eine Anlässe zur gewollten, zur einträglichen, Anonymität. Bene vixit, qui bene latuit . . . Überdies ist die Definierung des Erfinderehrenanspruchs als „höchstpersönlichen" Anspruchs nicht einwandfrei. —

Der Entwurf bedeutet ein bedenkliches Abschwenken von dem sonst zivilrechtlich beinahe ausnahmlos gültigen Grundsatze des laisser faire, laisser aller. Die Reglementierung der Privatrechtssphäre — etwas anderes schlägt, trotz des neuen Erfinderrechts, bei der ganzen Namensfrage nicht ein —, bringt geradezu unfreie Begriffe in die Stoffbehandlung.

Das gilt doppelt und dreifach von den (durch den Antrag Isay und seinen Satz IV A der Stettiner Kongreßbeschlüsse verpönten) Entwurfsnormen des § 10 Abs. 2 (erster und letzter Satz) sowie Abs. 3 n. F. Diese neuen Vorschriften werden und können sich nicht bewähren, wie die Erläuterungen optimistisch in Aussicht stellen. Der Stettiner Kongreß wußte wohl, warum er — im Gegensatz zu seiner sonst milden Formulierung — in schärfster Form gegen die überaus nachteilige schematische Berechtigung der Gewinnbeteiligung Front gemacht hat.

Die Erläuterungen des Regierungsentwurfs bezweifeln die (von den Kennern der Verhältnisse beredt geschilderten) künftigen Mißhelligkeiten zwischen den Arbeitgebern und -nehmern, auch den letzteren untereinander. Sie bezweifeln, daß es im Ausland hierüber Dissidien abgesetzt hat. Schon das ist unrichtig. Es wird u. a. auf Lichtenbergers Ausführungen über England und die Handhabung der adequate extent verwiesen. Dazu kommt, daß derartige Intima kaum in's Ausland dringen, daß die soziale Frage in Deutschland anerkanntermaßen besonders lebhaft und warmblütig behandelt wird, vielleicht weil die deutsche Gründlichkeit und Gewissenhaftigkeit auch hier einschlägt und ein ausgebildetes Verbandswesen die Gegensätze nicht mildert, daß endlich die zitierten Abschnitte des § 10 geradezu Zündstoff bilden. Discordiae malum.

Es mag eingeräumt werden, daß die großen Fabrikunternehmen legislatorisch nicht zu beachten sind. Aber bei Enqueten zu berücksichtigende Faktoren sind Grusonwerk, Löwe, Bayer, Griesheim, Ludwigshafen, Solingen, Siemens, Dürkopp, Allg. Elektrizitäts-Gesellschaft u. dgl. immerhin. Deren Erfahrungen, Statistiken, Einflüsse, Warnungen und Ansichten sind de lege ferenda denn doch nicht gleichgültig. Sie fanden ihren Niederschlag in der wahrlich sonst durchwegs objektiven Debatte des Stettiner Kongresses. Diese und andere Industrielle erblicken in dem Eingriff in das interne Vertragsleben eine beträchtliche Schädigung der Industrie und Industriebediensteten. Ich kann in bezug auf die einzelnen Gründe auf meine (gerade deshalb ziemlich eingehende) Wiedergabe der Stettiner Debatte mich beziehen. Schlechter Bezahlung und Ausbeutung soll das Wort beileibe nicht geredet werden. Das schien auch nicht seitens der Verteidiger des Passus IV A der Kongreßsätze beabsichtigt zu sein und zu geschehen. Wahrlich dafür ist unsere Zeitströmung nicht leicht willfährig. Der fleißig und gedeihlich dem Unternehmen zugetane schöpferische Beamte und Konstrukteur kann und wird unerschrocken, unterstützt durch Fach- und Parteipresse, angemessene Honorierung ansprechen. Zu perhorreszieren ist mit anderen Worten nicht das wirtschaftliche Vorwärtsstreben, sondern das ius cogens jener Sätze des Entwurfes. Letzterer weist zwar einerseits (eben weil die ständige neuerliche Praxis des Leipziger Gerichtshofes dem Angestellten für den Fall der Vertragslosigkeit die Erfindung materiell zuweist) die radikale Aufstellung der Angestellten, daß sie bewuchert und von der Rechtsprechung vernachlässigt würden, in glücklichster Formulierung zurück. Der Entwurf erblickt auch andererseits in dem Grundsatz, daß der vertraglich zur Verbesserung der Fabrikationsmethode bestellte Gehilfe das Resultat seiner bezahlten Mühewaltung dem Prinzipal zuweist, ein Gebot der Billigkeit. Infolgedessen wird wohlweislich der[1]) Versuch, dem Erfinder eine zahlenmäßig feste oder auch proportional bestimmte Entschädigung schlechthin zu sichern, durch die Erläuterung des Regierungs-

[1]) v. Sohlich gutgeheißene und Samstag 23. August 1913 Nr. 233 1. Morgenblatt in einem Artikel der Frankf. Ztg.: Erfinderschutz unter der Chiffre H. E. von anderer Seite wiederum unternommene

entwurfes ad absurdum geführt. Allein durch Korrektur der vollen Vertragsfreiheit (in § 10 Abs. 2 erster und letzter Satz, auch Abs. 3, darunter den Hinweis auf den § 315 BGB.) ist leider diese Vertragsfreiheit nicht einheitlich durchgeführt. Diese Ausnahmsbestimmungen müssen lauten Widerspruch hervorrufen.[1]) Was nützen die persönlichen und sachlichen Umstände, denen der Unternehmer bei Abmessung des Äquivalentes Rechnung tragen darf, wenn anders der Begriff „Billigkeit" in die Wagschale fällt, der subjektiv von beiden Seiten interpretiert werden kann? Die unversöhnlichen Prinzipiengegensätze müssen im Gerichtssaal aufeinanderplatzen. Wie es mit dem Ermessen geht, lehrt die von Lichtenberger kundgegebene üble Erfahrung. Das Reichsgericht hat (Bd. 57/46) bei der Leistung von Vertragsschließenden ausgeführt, daß die Billigkeit seiner Preisbestimmung der Berechtigte zu beweisen hat. Danach hat er auch, wenn er einen angemessenen Preis fordert und der Gegner behauptet, es sei ein geringerer Preis abgemacht, die Unrichtigkeit dieser Behauptung nachzuweisen. Analog hat der Arbeitnehmer die allzu geringe Gegenleistung seines Fabrikherrn darzutun. Konkurrenten des Chefs, Kollegen des Klageführenden, die die Parömie: „manus manum lavat" naturgemäß praktisch zu handhaben lernen werden, werden vielleicht als Sachverständige zugezogen. Die Prüfungsmaßstäbe des Schöpferfleißes, der Ungewöhnlichkeit und Originalität, der Gesamt- oder Teilnützlichkeit, des Bedürfnisses, der Bereicherungs-Kausalität, des Betriebskapitals und -ergebnisses, der Erfolgchance und — last not least — der vorauszusehenden Schlußbilanzierung des Einzelobjekts, sind selbst für den Fachmann so verwickelt und verworren, daß die scharfsinnigsten Gutachter Schiffbruch leiden können. Der zur Entscheidung Berufene, ob Berufs- oder Sonderrichter, wird jedoch letztere nicht entbehren können, falls er nicht, kurz entschlossen, den Tropfen sozialen Öls reichlich in die Verhandlung träufeln läßt. Welch unbillige, mindestens ungleichmäßige, Auslegung der Billigkeit ist hier im einen oder anderen Fall zu befürchten! Man denke an Sohlichs (oben bereits tiefer gehängte) Äußerungen über die sozialen Vorzüge des Kaufmanns- und Gewerbegerichts gegenüber dem untüchtigen Juristenrichter bis hinauf in die Kreise des höchsten Gerichtshofes! Fas est, ab hoste doceri .... Soll denn immer mehr der Chauvinismus der Standesjudikatur angeflammt und die Stärke unseres deutschen Rechtslebens (d. i. die volle Unparteilichkeit, die Abneigung gegen Willkür und Kastenwirtschaft) durch stets riskantere Rechtssätze Schwächung erleiden? Bei all dem wohlberechtigten, durch die bestehenden Gesetze garantierten Streben nach menschenwürdiger Entlohnung und wucherfreier Vertragsstellung ist somit jede Verkümmerung der Dienstvertragsinterna — welch letztere eben von unübersehbaren und unkontrollierbaren Faktoren beeinflußt werden — abzulehnen.[2]) —

[1]) „Die Regelung, die der Entwurf vorsieht, wird voraussichtlich ... Gegenstand lebhafter Erörterungen bilden", sagt Wassermann (JW. 15. IX. 13 S. 844) vorher.

[2]) So auch kurz: Julius Schwager, Zur Reform d. Patentges., 1913, S. 4.

Die den zwingenden Vorschriften des § 10 zugrunde gelegten Kriterien sind aber auch im einzelnen nicht stichhaltig.

Dem Angestellten können formell und vertraglich keinerlei Vergütungen für künftige Erfindungen, die auf den Unternehmer übergehen, zustehen und dennoch kann der Vertrag ein durchwegs angemessener sein. Die Bemessung des Gehalts usw. kann der Dritte, auch der Richter, nicht ausreichend beurteilen, eben weil ihm die — zum Teil wohl auch geheimen — Imponderabilien, die bloszulegen ein unbilliges Verlangen bedeutet, nicht zugänglich sind, weil auch eigentlich für den ganzen Bereich des § 10 n. E. der Satz der Erläuterungen anzuwenden ist, daß „objektiv meist die Werte nicht feststellbar sind". Wenn der Entwurf erklärt, daß wider die wucherische Ausbeutung der Arbeitskraft die Angestellten durch das bürgerliche Recht und eigne Interesse der Dienstgeber geschützt sind, so hat dies eben lücken- und ausnahmslos gegenüber den ein noli me tangere des Gesetzgebers erheischenden Dienstverträgen sein Bewenden.

Daß der Entwurf in den beregten Punkten vom Wege der Vertragsungebundenheit abirrt, erklärt sich u. a. aus seiner Schlußfolgerung: „Der Umstand, daß das dem Unternehmen erteilte Patent für diesen ein Vermögensrecht darstellt, welches er der Tätigkeit des Angestellten verdankt, rechtfertigt die Zubilligung eines Anspruches auf Vergütung an den Angestellten, eines Anspruchs, den im voraus schlechthin auszuschließen durch § 10 Abs. 3 dem Unternehmer unmöglich gemacht werden soll." Diese conclusio krankt an den zwei Untersätzen der Erläuterung: „ein Vermögensrecht darstellt" und „welches er der Tätigkeit des Angestellten verdankt". Der ursächliche Zusammenhang zwischen Tätigkeit und Vermögensrecht ist, wie schon von mir dargelegt, auch im Fall der Etablissementserfindung im weiteren Sinn nicht leicht herzustellen. Dieser Zusammenhang beruht ab und zu auf Hypothese, Selbsteinschätzung, überspanntem Selbstbewußtsein. Es beruht auf alter Erfahrung, daß der wirkliche oder vermeintliche Bereicherer der Ideenwelt mit der materiellen Welt oft auf schlechtem Fuße steht und die Originalität seiner Gedanken auch in der eigenartigen Einschätzung der gewinnbringenden Verwertung verrät. Die Patentanwälte können ein Lied davon singen. Was ist ferner — um des Entwurfes Erläuterung zu folgen — ein „Vermögensrecht" im Erfindungsfall, im Augenblick der Erfindung? Wie wird es kalkuliert? Welche der unzähligen nationalökonomischen, juristischen, kaufmännischen und wirtschaftlichen Vermögensdefinitionen setzt hier ein? Einträglichkeit ist der Nützlichkeit nicht immer proportional, weil erstere durch allgemeine wirtschaftliche Faktoren und alle möglichen Zufälligkeiten wieder aufgehoben werden kann.[1]) Was ist ferner unter „verdanken" zu verstehen? Allgemein menschliche Genugtuung über geleistetes Gute

[1]) RG. vom 6. Februar 1893, Pat.-Bl. 1893 S. 149; Dr. Wirth, Das Maß der Erfindungshöhe, Gew. Rechtsschutz März 1906 S. 61 Nr. 3.

oder ein Rezepisse greifbarer Gegenleistung? Die zwei Untersätze sind verschwommen. Auf ihnen kann ein neuer rechtlicher Grundsatz mit so großen und schweren Folgen, wie sie sattsam gezeichnet sind, nicht aufgebaut werden. Es muß daher m. E. der § 10 Abs. 3, es müssen die ihm ebenbürtigen erster und letzter Satz des Abs. 2 n. F. nicht minder gestrichen werden.

Der lebendige Entwickelungsbetrieb des Unternehmens darf durch die Unfreiheit der Parteien in irgendeinem Punkte der Regelung der Leistung und Gegenleistung nicht gefährdet werden. Es darf durch den Ein- (und Über-)griff des Gesetzes nicht das Erfindungswesen gelähmt werden. So beinahe Wortlaut und Sinn der Erläuterungen im allgemeinen. Wir beanspruchen Wortlaut und Sinn auch im besonderen, ohne Ausnahme, ohne Einschränkung. —

Der provisorische Regierungsentwurf weist eine Lücke auf. Möge der definitive sie beseitigen! Es fehlt eine dem Passus B, 2. Absatz, der Stettiner Kongreß-Resolution gleiche oder gleichwertige Bestimmung, die den Leitsätzen der Rechtsschutzkommission des Vereins Deutscher Maschinenbauanstalten entstammte. Über den Tatbestand, der sich ergibt, wenn die Erfindung des Angestellten nicht zum eigentlichen industriellen Feld des Prinzipals gehört, sich jedoch dazu eignet, in diesem Verwendung zu finden, hat der Entwurf nicht entschieden. Und doch erschiene dies angezeigt. Der Kongreß stellte für einen derartigen Fall dem Unternehmer den Anspruch auf eine freie Lizenz oder aber, falls er weitergehende Ausnutzung forderte, auf solche, gegen angemessene Vergütung anheim. Wohl ist der Angestellte an sich nicht gehalten, Interessen sein Tun und Denken zu widmen, die aus dem Rahmen des Betriebes herausfallen. Aus dem Vertragsverhältnis ist zunächst nicht abzuleiten, daß über die ihm obliegende Geschäftsaufgabe hinaus der Dienstnehmer sein Können und Wissen dem Dienstgeber zur Verfügung stellt. Gleichwohl ist möglicherweise die allenfallsige patentwürdige Idee direkt oder indirekt ein Ausfluß des in weiterer Verfolgung des geschuldeten Pensums angewendeten Schaffens und Denkens. Wären die Gelegenheiten des Unternehmers nicht gewesen, hätte höchstwahrscheinlich der Bedienstete Anlaß zu der Ausgrübelung des genialen Verfahrens nicht gehabt. Die Hilfsmittel des Dienstherrn, die äußeren Vorzüge des Arbeitsfeldes, brachten den Stein ins Rollen. Eine, ja vermutlich die hauptsächliche, Bedingung, die zum Erfolg führte, war das Faktum des Engagements. Hat neuerdings das Reichsgericht bei derartiger Rechtslage die Einbeziehung der Erfindung in die Sphäre des Dienstherrn in Frage gestellt, so muß mindestens, wenn die dienstliche Verrichtung mittelbar die Lösung eines schutzfähigen Problems im Gefolge hat, wenn Einfällen, Arbeitsgelegenheit und Material des Unternehmers in zweiter Linie der Erfindungserfolg zu verdanken ist, das Unternehmen vor Dritten das Prae einer weiteren, mittelbaren Nutzung, oder sogar wahlweise ausgedehnteren und unmittelbaren, Nutzung, letzterer freilich gegen sachgemäßes Entgelt, ansprechen dürfen. Es ist dies um so gerechter, als Grenzfälle zwischen Mein und Dein hier leicht denkbar sind und die Stettiner Bestimmung B 2. Abs. einigermaßen gegen zentrifugale Tätigkeit eines Angestellten feit. Wir möchten die gut erdachte Alternativnorm nicht im endgültigen Entwurfe missen, so wenig wir uns dem Bedenken verschließen, daß im geltenden Recht der Begriff des Lizenzvertrages unerörtert und derjenige der angemessenen Entschädigung eben jene Kautschukregelung ins Gesetz bringt, die Übelstände in der praktischen und rechtlichen Anwendung zeitigt. Billigen wir dem ungeachtet den Stettiner Passus B, 2. Abs., so ist dies so zu erklären, daß die Ordnung der Erfindung innerhalb des Normalbereichs eines gewerblichen Unternehmens, für welchen wir die Kautschuknorm ablehnen, unumgänglicher ist, wie diejenige außerhalb des Normalbetriebes, m. a. W., daß jene Erfindung — im engeren Betriebsressort — tagtäglich und glatt geregelt sein muß, diese — die Outsidererfindung — doch eine gewisse Rarität bedeutet, die der Unternehmer nicht zu akzeptieren braucht, wenn er nicht will. —

Die Kontroverse über die in öffentlichen Betrieben Angestellten ist im § 10 am Ende zugunsten der öffentlichen Betriebe, das heißt streng vertragsfreiheitlich, geregelt. Ich kann (so wenig ich den Unternehmer im Prinzip vertraglich gemaßregelt sehen möchte), wohl begreifen, wenn die staatlichen und kommunalen Angestellten den Einwand bringen: was dem Angestellten der Privatbetriebe recht ist, ist dem Angestellten der Staats- und Gemeindebetriebe billig. „Undurchführbar" wäre die analoge Anwendung durchaus nicht. Auch gelänge die Abgrenzung zwischen gewerblichen und nicht gewerblichen öffentlichen Instituten und eine Glättung der staatsrechtlichen Bedenken des Entwurfes unschwer. Wo ein Wille ist, ist ein Weg. Betreibt der Staat z. B. eine Waffenfabrik oder Werftanlage, unterhält er ein hygienisches Laboratorium usw., so ist das tertium comparationis gegenüber anderen gewerblichen Betrieben nicht nur die Frage der Lukrierung, die oft sehr wohl beim Budget mitspricht, sondern vor allem die (dem Privatunternehmer vis-à-vis seitens des Entwurfs so energisch gekennzeichnete) Frage der Zubilligung eines Anspruchs, weil die ein „Vermögensrecht" darstellende Erfindung „der Tätigkeit des Angestellten verdankt" wird. Ob der Fiskus oder die Stadt einerseits oder der Privatmann bzw. die Aktiengesellschaft anderseits profitiert durch solche das Vermögen fördernde Tätigkeit des erfindenden Angestellten, ist rechtlich und wirtschaftlich wahrlich gleichgültig. Wer der durch den Untergebenen Beglückte ist, tangiert die rein materiellen Befugnisse des erfindenden Beamten und Bediensteten sehr wenig. Daß aber die öffentliche Gewerbeunternehmung um deswillen ein unbeschriebenes Blatt im Punkte der Erfinderrechts-Kollisionen sei, weil Querelen hier nicht laut geworden seien, ist als Tatsache und Argument gleich verfehlt. Der staatlich Angestellte hat in bezug auf Geltendmachung seiner Wünsche eben gewisse Rücksichten zu nehmen [1]) und erwartet, daß sein Kollege vom Privatbetrieb seine Interessen mit verficht. Die Unterscheidungsmerkmale und Be-

[1]) So auch Frankfurter Zeitung vom 23. August 1913.

denken sind nach alledem unzutreffend und der talentierte Erfinder im Gemeinde- und Staatsdienst ist, wennschon das neue Gesetz erhöhten Angestelltenschutz bringen sollte, dem Genossen des privaten Betriebs durchaus ebenbürtig zu behandeln. —

Ehe ich mich nun von der neuen Vorlage bis auf weiteres verabschiede, möchte ich die Feststellung nicht unterlassen, daß der Entwurf zweifellos — wie man auch über die oben geprüften Schwächen denken mag — von der mit nicht geringem Applomb in die Welt gesetzten Propaganda der Angestelltenverbände nur wenig sich beeinflussen ließ. Beachtet man, daß ein förmliches Recht auf die Kontrolle des Reingewinns, eine Vergütung nach fixen Sätzen, mindestens verhältnismäßigen Prozenten, eine Umwandelung der Vergütung nach dem billigen Ermessen des Unternehmers in die Zubilligung eines gesetzlichen Mindestbruchteils angesprochen, ja daß geradezu uferlose Wünsche in stürmischen Versammlungen und sonstigen Agitationen laut wurden, so darf dem Entwurf das Lob einer weisen Selbstbescheidung nicht vorenthalten und seine Systematisierung als eine Errungenschaft für unser Rechtsleben bezeichnet werden.

Der unwiderstehliche Lauf der volkswirtschaftlichen Begebenheiten nötigt naturgemäß den Staat, Form und Inhalt der gewerblichen Gesetze von Zeit zu Zeit sachgemäß zu revidieren. Fert unda nec regitur gilt vom Schicksal des einzelnen und der die Schutzrechte des Erwerbslebens umspannenden Gesetze. Nur darf der Gesetzgeber nicht auf jede spontane Kampfesregung berufener und unberufener Parteisekundanten horchen, weil eben erfahrungsgemäß die tendenziöse Parteiäußerung der Unbefangenheit und Abgeklärtheit ermangelt, deren es bei Umformung und Neuschaffung von Rechtsgebilden bedarf. Die Vereinfachung der ersten und die Verbilligung der sämtlichen Stadien des Patentwesens sind beachtenswerte Gesichtspunkte des Allgemeinwohles. Derartige Änderungen weisen das unbestreitbare Symptom partei- und leidenschaftloser Forderungen auf. Die Einführung des Erfindersystems, eines ganz unerprobten Problems, muß — wenn überhaupt praktisch angängig und tief-methodisch durchführbar — mit aller Vorsicht eingeleitet, der Schwerpunkt des Entwurfs, die Autorschaft sowie die Mitarbeiterschaft im Erfinden, darf durch Verkümmerung der zivilrechtlichen Vertragsfreiheit nicht verschoben, die deutsche Großentwickelung darf durch ihrer Entfaltung feindliche Monopolisierung oder Bevormundung nicht auf den Tiefpunkt herabgedrückt werden. To be or not to be, that is the question.

Einem Patentgesetz, das unter solchen Auspizien unter Dach und Fach gebracht, somit vom Anprall der gewerblichen Interessenkämpfe verschont wird, kann, als gediegener und hauptsächlicher Verwirklichung des gewerblichen Rechtsschutzgedankens, eine gute Zukunft und ein guter Einfluß auf die nationale Industrie vorhergesagt werden.

Kolibri 360 GmbH
Ferdinand-Jühlke-Straße 7
99095 Erfurt, Deutschland
produktsicherheit@kolibri360.de